ちくま新書

入門　犯罪心理学

原田隆之
Harada Takayuki

1116

入門　犯罪心理学【目次】

はじめに――新しい犯罪心理学への招待　009
メディアを通しての犯罪／犯罪心理学における神話／科学としての犯罪心理学／似非《えせ》犯罪心理学／犯罪心理学の専門家としての仕事

第一章　事件　021
侵入者／犯人／生い立ち／犯罪歴／結婚歴／職歴／犯罪のパターン／青年期限定型犯罪者／生涯継続型犯罪者／青年期限定型犯罪者と生涯継続型犯罪者の違い／犯罪者への対処／もう一つの大量殺人事件／加藤智大の生い立ち／ネットという居場所／秋葉原事件の理解／両者の等質性／両者の異質性

第二章　わが国における犯罪の現状　047
犯罪とは／構成要件該当性／違法性／責任能力／犯罪統計／窃盗／クレプトマニア／覚せい剤／諸外国における薬物事犯への対処／殺人／詐欺／累犯障害者／性犯罪／性犯罪者治療／逮捕後の流れ／判決確定後／非行少年に対する手続き／犯罪心理学者という仕事／拘置所の心理職

第三章　犯罪心理学の進展　085
犯罪生物学と生来性犯罪人説／フロイトの犯罪理論／スキナーと学習理論／認知の働き／社会学習理論／犯罪社会学／社会的統制理論／人間行動の複雑性／新しい犯罪心理学／わが国の現状／エビデンスに基づく犯罪対策／刑事の勘が生んだ冤罪

第四章　新しい犯罪心理学　113
犯罪における認知のはたらき／認知のゆがみが招いた殺人／犯罪心理学の研究方法／メタアナリシス／効果量／犯罪の危険因子／犯罪の危険因子ではないもの／過去の犯罪歴／パーソナリティ／反社会的パーソナリティ：情緒的特性／反社会的パーソナリティ：思考的特性／遅延価値割引／反社会的パーソナリティ：行動的特性／反社会性パーソナリティ障害／サイコパス／反社会的認知／敵意帰属バイアス／性犯罪者の認知のゆがみ／反社会的交友関係／残り四つの危険因子／生物学的犯罪研究／双生児研究と養子研究／攻撃性と遺伝／虐待と非行との関連

第五章　犯罪者のアセスメントと治療　161
リスクアセスメント・ツール／第二世代のツール／第三世代のツール／犯罪者の治療／犯罪者治

療悲観論／その後の治療効果研究／治療の三原則／リスク原則／リスク原則適用の実際／ニーズ原則／反応性原則／個別的反応性と動機づけ面接法／犯罪者治療に関する実務的なルール／わが国の課題

第六章　犯罪者治療の実際　195

刑務所における犯罪者治療／リラプス・プリベンション／コーピングスキル訓練／認知の修正／渇望への対処／マトリックス・プログラム／J-MATの効果／性犯罪者治療／性犯罪者治療におけるリラプス・プリベンション／病院での性犯罪者治療／治療効果

第七章　エビデンスに基づいた犯罪対策　221

思考実験／関連性の錯誤／誤った犯罪対策の危険／効果のない犯罪対策／エビデンスをどう活用するか／キャンベル共同計画

おわりに　239

主な参考文献　i

いま、この事件ひとつを例にとっても、大きな新しい道を開くことができるのだ。心理的な資料をたどるだけでも、正しい証跡にいたるにはどうすべきかを示すことができるのだ。「われわれのほうには事実がある」なんて言ってるが、事実がすべてじゃない。少なくとも事件解決の半分は、事実をあつかう能力のいかんにあるんだよ。

（ドストエフスキー『罪と罰』工藤精一郎訳、新潮文庫）

はじめに――新しい犯罪心理学への招待

犯罪がない平和な世界は、誰もが望む理想の世界だろう。しかし、現実には犯罪のない世界はこれまでもなかったし、そして残念ながらこれからも訪れることはないだろう。どの時代にも、どの場所にも、人間のいとなみがあるところには必ず犯罪がある。『旧約聖書』では、世界が誕生した「創世記」の段階で、神が創った最初の人間であるアダムとイブが神を欺いて楽園を追放され、その子カインは弟のアベルを殺している。『古事記』でも、天地開闢《かいびゃく》の時代、イザナミの命《みこと》が子を産んだ後に亡くなると、それに憤慨したイザナキの命は、その子カグツチの首をはねている。神話世界のことなので、これを犯罪と言っていいのかためらわれるが、これがわが国史上初の「犯罪」であろう。

犯罪心理学とは、犯罪行動に対する科学的な理解を深め、その科学的知識を犯罪の抑止に役立てることを目的とした応用科学である。

犯罪心理学に問われている問いは多様である。例えば、人間はなぜ犯罪を行うのか、犯罪に至る者とそうでない者はどこが違うのか、犯罪者が立ち直るすべはあるのか、犯罪はどのようにすれば防止できるのか。こうした問いに少しでも正しい答えを見つけるべく、犯罪心理学は発展を遂げてきた。

二〇一四年夏、高校生と小学生の女子生徒が殺害されるという痛ましい事件が立て続けに起こった。七月に長崎県佐世保市で起こった事件では、高校一年生の女生徒が同級生に後頭部を工具で殴りつけられた上、首を絞められて殺害され、遺体をバラバラにされた。

犯人とされた女生徒は、その前にも実の父親を金属バットで殴って大怪我を負わせていたことが報道されている。また、女生徒を診察していた精神科医が、事件直前に県の相談窓口に電話をし、「人を殺しかねない女生徒がいる」と報告していたが、県は適切な対応を取っておらず、本件に至ったことも大きく報じられた。さらに、事件後の十月には女生徒の父親が自殺し、今後誰が被害者への賠償を行うのか、そして女生徒の更生を支えていくのかなどが不安視されている。

また、九月には兵庫県神戸市で小学一年生の女児が行方不明になり、その後自宅近くの茂みでバラバラになった遺体が発見されるという事件が起こった。容疑者とされる男は、その茂みのすぐ近くに住む男性で、遺体が入れられたゴミ袋の中に、タバコの吸い殻や男性名義の診察券などが捨てられていたことが逮捕につながったと報じられた。

†メディアを通しての犯罪

ところで、一般の人々がこれらの犯罪に触れるのは、ほとんどの場合、新聞やテレビなどのメディアを通してである。だとすれば、その情報はメディアによるフィルターがかかっている。

例えば、中学生が駅前の放置自転車を盗んでもニュースにはならないだろうし、仕事にあぶれた日雇い労働者が場末の定食屋で無銭飲食をしても同じだろう。いずれも間違いなく犯罪であるが、このような事件をテレビや新聞が報じることはない。

なぜニュースにならないのかと言えば、こんな事件はたくさん起こっているから、一つひとつ報道していてはきりがない。何よりも面白くない。つまりニュースバリューがない。「犬が人を噛んでもニュースにはならないが、人が犬を噛んだらニュースになる」と昔から言われているとおりである。

ワイドショーや週刊誌ならなおさら、ショッキングで人々の興味を引き付ける事件でないと取り扱わないだろう。しかも、事実は脚色され、よりセンセーショナルに、あるいはエモーショナルに仕立て上げられる。

つまり、われわれが犯罪だと思っているものは、実はニュース用に作られた「ストーリー」であって、実際の犯罪の姿とは大きく異なっている可能性が大きい。先ほど例に挙げた女生徒殺害事件でも、同じことが言える。

しかし、それは何もメディアだけの責任ではない。われわれは犯罪を憎み、少しでも犯罪を減らしたい、安全な社会をつくりたいと願っていることも事実であるが、その反面、不謹慎な言い方かもしれないが、われわれには犯罪に強い好奇心を抱く傾向がある。だからこそ、メディアはできるだけ視聴者が求める「面白い」情報を伝えようとする。

ニュースだけでなく、小説でもドラマでも、世の中は犯罪に関する「ストーリー」にあふれている。このことは、われわれが犯罪をエンターテイメントとして享受していることを物語っている。

それではなぜ、犯罪は人々の興味をこれほどまでにかきたてるのか。おそらくそれは、犯罪がわれわれの中にひそむ欲望、敵意、妬み、恨みなどの生々しい人間性の一端を如実に表しているからであろう。

人間性には、もちろん愛や勇気のような美しい側面もあり、それもまた多くの小説やドラマのテーマとなっている。その一方、人間には憎しみや残酷さのような醜い側面もあり、それを明確な形で表現しているものが犯罪にほかならない。

しかし、メディアやフィクションを通して犯罪ストーリーに触れていると、「事実」だと思い込んでいることが、往々にして事実とはかけ離れていることがある。

†犯罪心理学における神話

以下に挙げるのは、犯罪について一般によく話題になる「事実」であるが、この中で正しいのはどれだろうか。

・少年事件の凶悪化が進んでいる。
・日本の治安は悪化している。
・性犯罪の再犯率は高い。
・厳罰化は犯罪の抑制に効果がある。
・貧困や精神障害は犯罪の原因である。
・虐待をされた子供は非行に走りやすい。
・薬物がやめられないのは、意志が弱いからだ。

実は、これらはいずれも科学的な裏付けがなく、事実ではない。いわば、「犯罪心理学における神話」である。つまり、これらは長い間、さしたる根拠もなくメディアで語られ、われわれの多くが「事実」と誤認していたことである。

事実を簡単にざっとコメントすれば、以下のようになる。

・少年事件は年々減少の一途をたどっており、特に凶悪事件や粗暴事件の減少が目立っている。
・わが国ではここ十年以上、犯罪発生件数は減少を続けているし、国際的な比較をすると、日本は依然として世界一安全な国である。
・性犯罪は、窃盗や薬物事犯に比べると、はるかに再犯率が低い。
・厳罰化には犯罪抑制効果はなく、むしろ最悪の場合、助長してしまうことがある。
・貧困や精神障害と犯罪の関連性は低く、犯罪の原因を追究するためには、ほかの要因に着目する必要がある。
・虐待と非行の関連性は低く、被虐待児が非行に走りやすいというのは偏見である。
・薬物がやめられないのは、薬物に依存性があるからであり、意志の力とは関係がない。

ここではこれくらいにとどめ、それぞれの神話についての詳細は、本書の中で詳しく説明していくこととする。

†科学としての犯罪心理学

犯罪心理学は科学であると述べた。科学を標榜する以上、客観的な事実やデータに基づいて犯罪行動を分析しなければならない。

科学としての犯罪心理学は、もちろん連続殺人や無差別テロなどのショッキングな事件も扱う。だが同時に、あるいはそれ以上に、ありふれた事件にもウェイトを置き、たくさんのデータから犯罪の真の姿に迫ろうとする。

一見地味でつまらない事件であっても、そのデータから浮かび上がってくる事実は、ワイドショーや犯罪ドラマで描かれる騒々しいフィクションよりもはるかに重要なことがある。なぜならば、そのようなありふれた事件のほうがむしろ、人間性やわれわれの中に潜む「悪」についての真実を語ってくれるからだ。

もちろん、ワイドショーを賑わせた犯罪を扱わないわけではない。遺体がバラバラにされて遺棄された事件に対して、「悪魔のような所業である」と責めたり、被害者や遺族のことを思って涙するまでがワイドショーの仕事だとすれば、犯罪心理学では、なぜ犯人は遺体をバラバラにするのか、なぜ裏山に無造作に捨てるのか、なぜ平気で人の遺体とゴミを一緒のゴミ袋に入れて捨てられるのか、などの問いに答えるべく、データを集める。そして、二度と同じ事件が起こらないように予防策を講じ、犯人の「治療」を行う。これこそが、重要な仕事である。

†似非《えせ》犯罪心理学

一方、犯罪のワイドショー化に加担している自称「犯罪心理学者」も多い。例えば神戸の事件を受けて、「容疑者が診察券を袋に一緒に入れたのは、被害女児とつながっていると感じたいからだ」などと、何の根拠もなく思いつきで無責任なコメントをする。

また、一九九九年に山口県光市で起きた光市母子殺人事件でも、犯罪心理鑑定が大きな議論を呼んだ。この事件は、配管検査を装って自宅に上がり込んだ少年に、母親と乳児が惨殺されたという痛ましい事件である。鑑定人は、「被害者を殺害後、性的暴行を行ったのは、死者をよみがえらせる儀式だった」「被害者の遺体を押入れに入れたのは、ドラえもんが何とかしてくれると思ったからだ」などと、支離滅裂な「ストーリー」を作り上げ、世間の顰蹙《ひんしゆく》を買った。

こうした言説は、根拠のない無責任な「解釈」にすぎず、言うならば「似非犯罪心理学」である。心理学的な用語や解釈を加えることで、科学的な分析を装っているだけで、科学としての犯罪心理学の仕事とは似て非なるものである。

それらは犯罪の真の姿に迫る上で何の意味もないばかりか、被害者やその遺族を貶《おとし》めるものである。また、犯罪心理学という学問に対する冒瀆でもある。

心理学という学問は、目に見えない「心」を扱うため、残念なことであるが、このような似非心理学が至るところで跋扈《ばっこ》している。本書でたびたび「科学的」という言葉を用いているのは、そのような似非心理学との区別を明確にしたいためでもある。

†犯罪心理学の専門家としての仕事

私はこれまで、犯罪心理学の専門職として少年鑑別所での勤務を皮切りに、法務省矯正局、東京拘置所、国連アジア極東犯罪防止研修所、国連薬物・犯罪事務所などで勤務し、国内外で犯罪・非行にかかわる仕事をしてきた。

中でも東京拘置所で勤務した三年半は、私に最も多くの示唆を与えてくれた。東京拘置所はわが国最大の刑事施設であり、われわれ心理職は、そこで年間のべ五〇〇〇人を超える犯罪者と面接をする。これほど数多くの犯罪者と濃密に関われる職場はほかにないだろう。

そのような毎日の中で、同僚と「殺人をするような人間は、われわれとはどこか違う」「犯罪者はどうしてみな健康状態が悪いのだろう」「粗暴犯罪者の心拍数はきわだって少ないように思う」などということをよく話題にしていた。

また、ときにはサイコパスと呼ばれるような犯罪者と面接をすることもあった。サイコパスとは、冷酷で人間的な温かさを欠いたパーソナリティの持ち主のことをいう。彼らと面接をしていると、いつしかこちらのほうが冷静さを失い、心臓が高鳴ったり、奇妙で不快な感情を抱いたりする。私は、それはなぜなのかといつも不思議に感じていた。

あるときはまた、性犯罪者の価値観や物の考え方のゆがみを目の当たりにして愕然としたこともあったし、薬物やギャンブルの泥沼から這い出すことができず何度も何度も刑務所を出入りしている人々の姿に、寂寞としたもの悲しさを感じたこともあった。

その当時の私は、忙しい毎日の中で漠然と感じたものを明快に語りうる言葉を持っていなかった。しかし、こうした体験に対する理解を深め説明すべく、犯罪心理学の研究を進めてきた。

その中で得られた知識や理解は、先ほど批判したような「似非犯罪心理学」に見られた主観的解釈や恣意的なこじつけとは異なり、膨大なデータ、膨大な先行研究の知見に基づいて科学的に裏付けられた知識である。私は科学的な犯罪心理学こそが、犯罪に対する真の理解と効果的な犯罪対策に貢献することを信じて疑わない。

本書は、ここ三〇年ほどの間に目覚ましい発展を遂げている犯罪心理学の最前線をわが国に紹介することはもちろん、その知見をわが国の犯罪対策にも取り入れて、犯罪の理解と防止のために少しでも資することができればという願いを込めて書かれている。

そして、これから犯罪心理学を学ぼうとする若者、既に犯罪や非行に関わる現場で仕事をされている方々、あるいは犯罪や非行問題に関心のある一般の方々にも、犯罪心理学の今後のあるべき方向をともに見据えていただきたいと願っている。なぜならば、犯罪心理学は単に犯罪者とその処遇に携わる者だけのものではなく、犯罪のない社会を願いながら社会に暮らす市民一人ひとりもその受益者であるからだ。

本書では、具体的な事件や犯人像に触れながら、できるだけわかりやすく話を進めていきたいと思っているが、私自身が出合った事例として紹介するものは、守秘義務の観点から、大筋を残してほとんどがフィクションであることをご理解いただきたい。

では、わが国の犯罪史上に残る大事件から始めよう。

第一章　事件

†侵入者

　二〇〇一年六月八日、その日はいつもと同じ静かな金曜日だった。事件が起きたのは、犯罪とはおよそ無縁な小学校であった。それは午前一〇時過ぎ、二時間目が終わるころの時間だった。学校の裏手に一台の車が停まった。そこからビニール袋に入れた包丁二本を携えて、一人の男が降り立ち、迷うことなく学校に侵入してきた。

　しかし、そのとき校内の体育館脇で男とすれ違った教師すら、軽く会釈をして通り過ぎたというのだから、別段不審な様子でもなかったのであろう。男はそのまま無言で一階の二年生の教室にテラス側出入口から入り、キョトンとした表情を向けてきた小学生を、何のためらいもなく包丁で刺した。あたかも瑞々しい果実を突き刺したときのように、包丁の刃は、小さな体におそろしいほどスーッと入っていった。それから、男はまったく躊躇せず、近くにいた児童四名を後ろから次々と無言で刺した。

次に、隣の教室に後ろ側の出入り口から侵入し、目の前にいた児童を背後から次々と刺していった。

平穏な学校が一瞬にして修羅場と化した。びっくりして逃げ惑う児童とそれを執拗に追いかける犯人、突然の惨劇に何が起こったかわからず泣き叫ぶ児童、そして犯行に気づいた教師の悲鳴。

その後やっと教師が椅子を投げ付け、タックルを試みたりして応戦したが、犯人は教師にも切り付ける。そして、恐怖に怯えてしゃがみ込む児童に覆いかぶさるようにして切り付けているとき、背後から教師に腕をつかまれ、包丁を奪われて羽交い絞めにされ、ようやく犯人が取り押さえられた。

最終的には、八人もの児童が刺殺され、児童一三人と教師二人が重軽傷を負った。これが、わが国では前例のない小学校内における無差別大量殺傷事件、大阪教育大学附属池田小学校事件である。

犯人の名前は宅間守《たくままもる》、当時三七歳。日本中を震撼させたこの前代未聞の凶悪事件は、この一人の男の凶行であった。

宅間守は、彼が起こした事件だけでなく、人物そのものもまた前代未聞の「悪党」ぶりであったために、多くの人々の記憶にその名が刻み込まれている。初公判のときには、口笛を吹きながら入廷し、裁判長に注意されるが、どこ吹く風で不規則発言をしたり、遺族に聞くに耐えない暴言を浴びせたりするなど、まったく反省のかけらもない態度であった。

続く公判の中でも、事件のことを「ブスブス事件」などと茶化すような呼び方をして、「謝罪の気持ちはない」「反省する点は、八人しか殺せなかったこと。もっと殺したかった」「あの世でもガキどもを追いかけ回して、しばき倒したる」などと遺族の気持ちを逆なでする発言を繰り返した。

事件の態様や法廷での態度から、当初は精神障害も疑われたが、精神鑑定の結果、責任能力ありという結果となり、およそ二年後の二〇〇三年八月二八日、大阪地方裁判所で死刑が宣告された。

その後、弁護団は控訴したが、宅間自身の意思で控訴が取り下げられ、死刑が確定した。それどころか宅間は、死刑の早期執行を求めた。

刑事訴訟法では、死刑は確定後六カ月以内に執行するよう定められているが、実際には様々な理由から、死刑執行までには長い時間を要している。現在、わが国では百名を超す死刑確定者が刑の執行を待っている状況が続いており、中にはなんと四〇年以上も執行を待ち続けている者もいるほどだ。

しかし、宅間の場合は、本人の希望が聞き入れられたわけではないだろうが、確定から一年を経ずに二〇〇四年九月一四日、大阪拘置所で死刑が執行された。

私は、宅間の死刑執行からしばらくして大阪拘置所の定期行政監査が行われた際、その担当官の一人として、実際に彼が刑を執行された「刑場」に入った経験がある。死刑というのは、死ぬことが刑であるので、死刑確定者は懲役刑を執行する場所である刑務所ではなく、通常は拘置所に収容される。したがって、刑場も拘置所に設置されている。

めったなことで公開されないその場所は、都会の真ん中にある異次元のような場所だった。部屋の真ん中に全面ガラスの仕切りがあって、執行する側とされる側を分けている。ガラスの向こう側には床の真ん中に奈落がある。そして、その上にはロープを結ぶ滑車がある。

宅間一人を死刑にしたところで、被害者や遺族が救われるはずはないし、ましてや罪が償われるとも思えない。全体に薄紫色の絨毯が敷き詰められたその場所は、何もなかったかのように静まり返っていたが、そのことがなおさら、その虚しい事実を私に突き付けた。

†生い立ち

宅間守は、なぜこのような犯罪史上まれに見る凶悪事件を起こすに至ったのだろうか。まずは、簡単にその生い立ちを見ていこう。できる限り正確を期すため、精神鑑定書と全国紙の報道を元にまとめていく。

宅間守は、一九六三年、兵庫県伊丹市に生まれている。工員の父と母との間の第二子、次男として生まれた。

彼は小さい頃から問題児で、近所では有名な「悪ガキ」であった。友達をいじめたり、周囲に嫌がらせをしたりして、それを楽しむようなところがあったという。常に落ち着きがなく、聞き分けのない子供だった。

小学校でも相変わらずの問題児で、猫を新聞紙にくるんで火をつけて殺すなどの動物虐待や、クラスメートへの暴力、万引きなどの問題行動が日常茶飯事であった。

中学に入って、問題行動はエスカレートしていく。暴力沙汰や万引きなどの非行だけでなく、性的問題行動も見られるようになり、好きな女生徒の顔に唾を塗ったり、弁当にこっそりと自分の精液を振りかけ、相手が知らずに食べるのを見て喜んでいたこともあった。

高校でも、バイクの無免許運転、対教師暴力、怠学などが見られた上、協調性がなく、友達は一人もいなかった。さらに、中学時代の同級生の女生徒を強姦するという事件を起こしているが、この事件は立件されていない。

高校は中途退学し、その後自衛隊に入っている。しかし、家出少女への淫行が発覚し、二年足らずで依願退職となった。その後は様々な仕事を転々とするが、半年と続いたものはない。

そのような生活状態の中、二一歳のとき、また別の強姦事件を起こし、今度は懲役三年の実刑判決を受け、奈良少年刑務所で受刑している。

このときは、刑を免れようとして精神病を装い、自ら精神病院に入院するなどの行動に及んでいる。しかし、すぐに病院の生活が嫌になり、そこを抜け出そうとして病棟の五階から飛び降りて腰や顎の骨を折り、後遺症が残るほどの重傷を負った。

†犯罪歴

刑務所を出所した後、宅間は両親から勘当され、短期で仕事を転々とする中、さらに数々の犯罪を繰り返している。その数は公式な記録に残っているだけでも一〇件を超えている。その中には、交通トラブルなどが元での多数の傷害事件、職場の同僚の食事に薬物を混入させた事件、強姦事件などがある。

これらは、いずれも被害者に対して不満や怒りを募らせた挙げ句の逆恨み的な犯罪である。ほとんどが不起訴や起訴猶予になっており、最も重いものでも罰金刑で済んでいる。

また、事件として表面化していないケースもある。非常に悪質なのは、トラック運転手をしていたとき、先行車を煽ったり、すぐ前に割り込んで急ブレーキを踏んだりするなどの危険運転を繰り返していることだ。その結果、中には相手がハンドル操作を誤り、側壁などにぶつかって死亡するに至ったこともあったが、それは事故として処理されている。

しかも本人は、精神鑑定中にこれらの事件について、相手が「アホやから死んだ」と笑いながら話したという。

†結婚歴

宅間の生涯の中で、特筆すべきは、四度の結婚と離婚を繰り返していることである。最初の結婚は、二七歳のとき一〇歳年上の女性であったが、わずか三カ月で離婚に至っている。相手の女性によれば、お見合いパーティで宅間は、「自分は医師である」と嘘を言って近付き、彼女を強引にホテルに連れ込んで、性的関係を持った。その後、暴力で脅しつけ、婚姻届を出すに至ったという。

†職歴

宅間は、高校中退後、記録に残っているだけでも、トラック運転手、タクシー運転手など一五カ所の職場を転々とし、どれも数カ月程度しか続いていない。どの職場でも最初のころは、温厚、真面目、好青年などの印象を周囲に与えていたようであるが、そのうちに同僚や客とのトラブルや規則違反などで解雇されるに至っている。

比較的長続きしたのは、最初の職場である航空自衛隊と、三〇歳から勤めた市役所での非常勤職員の仕事である。市役所に採用されたときは、本人も「公務員になった」ということで誇りを持って仕事に励んでいたようで、市バス運転手、清掃員、小学校用務員などの職種を約六年間にわたって務めている。しかし、自衛隊も市役所も、そのときに起こした事件が元で退職に至っている。

†犯罪のパターン

生い立ちの中でも述べたように、宅間は幼少のころから数々の非行、犯罪を繰り返している。世界の犯罪データを見ると、どの国にも犯罪を繰り返す者が一定数存在することがわかっている。それは国によってばらつきがあるが、およそ人口の数パーセントである。

そして、驚いたことに、この少数の者が、なんと世の中の全犯罪の六割以上に関与しているのである。

つまり、犯罪というものは、われわれ誰もが等しく関与するようなものではなく、法を守り、犯罪とは一生無縁の大多数の人がいる一方で、生涯にわたって何度も犯罪に赴く者がいる。そして、この世の中の犯罪の大半は、このような一握りの者が繰り返し関与しているのである。宅間守もその中の一人であったことは明白である。

†青年期限定型犯罪者

アメリカの犯罪学者モフィット（Terrie Moffitt）は、犯罪者を二つのタイプに分けた。一つは「青年期限定型」犯罪者である。これは、思春期から青年期にかけての不安定な時期に、窃盗などの比較的軽微な非行を行う人々のことである。中には集団でのケンカ、暴走などの粗暴非行に至る者もいる。

しかし、彼らの大半は、成人期に差し掛かると非行は見られなくなり、就職したり、結婚して子供を持ったりして、ごく普通の社会人としての生活を送るようになる。いわば「若いころは無茶をした」というタイプの人々である。

このタイプの犯罪は、人間の発達と深く結び付いている。青年期というのは、親から自立し、一人前の大人になる準備をするための時期である。第二次反抗期とも疾風怒濤の時代とも呼ばれるが、大人の言うことや社会のルールに反抗したくなる時期である。

また、第二次性徴とともに、体のホルモンバランスや情緒が不安定になり、イライラしたり、不安になったりしやすい時期でもある。こうした心理的状態が非行に結び付きやすいことは言うまでもない。

しかし、このような状態は一時的なもので、心身の成熟とともに次第に落ち着きを取り戻してくる。成人式に大暴れする若者が毎年ニュースになるが、彼らも逮捕などの痛いお灸をすえられれば、大人としての責任を自覚し、「いつまでも馬鹿をやっていられない」ことに気付く。そしてその後は、ほとんどすべての者が「善良な市民」としての一生を送る。

†生涯継続型犯罪者

これに対し、ごく一部の者、先ほど人口の数パーセントと述べたが、これらの者は違う道筋をたどる。彼らは、およそ生涯にわたって犯罪を繰り返す。モフィットは、このような人々を「生涯継続型」犯罪者と呼んだ。

生涯継続型犯罪者の特徴は、発達のごく初期から様々な問題行動や非行が見られることである。これは青年期限定型犯罪者の問題行動が、思春期ごろから見られ始めることと大きく異なっている（図1-1）。

例えば、幼稚園に上がる前から、親に反抗したり、たびたび嘘をついたりする。また、近所の子をいじめる、小動物を虐待する、親の財布から金を持ち出す、物を壊す、などの多種多様な問題行動が見られる。

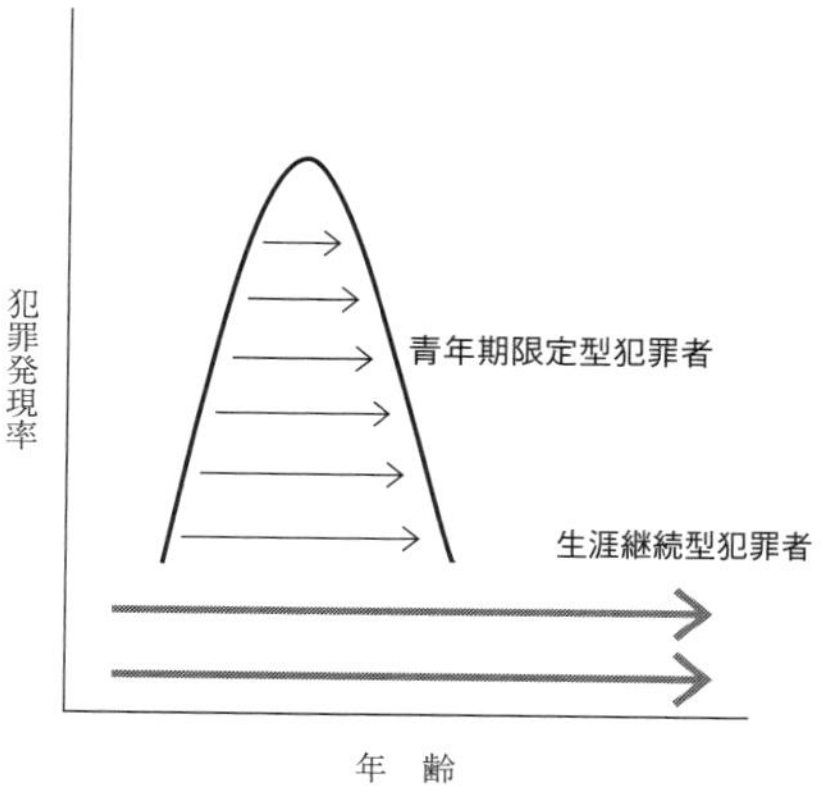

図1-1 青年期限定型犯罪者と生涯継続型犯罪者
出典）Moffitt（1993）

そして、成長するにつれ、こうした問題行動はエスカレートし、小学校ではクラスの問題児、中学に上がると立派な非行少年になっていく。何度も補導され、家庭裁判所や少年鑑別所、少年院への出入りを繰り返すようになる。学校はドロップアウトし、高校には上がらない者も多い。非行集団や犯罪集団のメンバーになる者もいる。

成人期を迎えても、こうした犯罪行動は終息するばかりか、ますますエスカレートしてゆく。自らも「犯罪者」としてのアイデンティティを持ち、職業的犯罪者になる者もいる。あるいは、一応は就職・結婚をして社会生活を営んでいるが、職場や家庭でトラブルを頻発させ、何度も警察の厄介になる者もいる。まさに、宅間はこのパターンである。

†青年期限定型犯罪者と生涯継続型犯罪者の違い

では、青年期限定型犯罪者と生涯継続型犯罪者は、どこが違うのだろうか。青年期限定型犯罪者は、いわば「正常」な発達の問題としての非行であり、もちろんその行いは褒められたものではないが、いつの時代の若者も一度は通る道として、社会もある程度は許容できる範囲のものであることが多い。

少年法がその目的を「少年の健全育成」に置いているのもそのためである。こうした少年たちを厳しく処罰し、社会から疎外してしまえば、教育の機会や就職の道を失った彼らは、犯罪者としての道を歩むしかなくなってしまう。彼らが未熟さゆえの問題に気付き、健全な社会人としての道に戻れるようにサポートすることが、少年法の理念なのである。

一方、生涯継続型犯罪者の犯罪パターンは、「正常」とは言い難いものがある。特に、発達のごく初期に問題行動が見られるという点をどのように理解すればよいであろうか。中学生の非行であれば、思春期の不安定性を土台として、「不良」の行動パターンを上級生やドラマなどをモデルにして学習して身に付けたことが考えられる。

しかし、小学校に上がる前の子供が、粗暴行為や嘘を周囲から学習する機会はごく限られている。もちろん、親が粗暴であったり、しょっちゅう嘘をついていたりすれば、それを真似ることもあるだろうし、実際そうした家庭は多いだろう。とはいえ、小さな子供の学習能力には限界がある。したがって、彼らの問題行動の大きな原因は、家庭や環境など彼らの「外」にではなく、彼ら自身の「中」にあると考えるほうが自然である。

モフィットは、そうした原因の一つとして数々の遺伝的、生得的要因を挙げている。例えば、微細神経障害はその一つである。つまり、何らかの小さなダメージが、脳や神経にあるのではないかということである。しかし、それはまだ仮定であって医学的に突き止められたわけではない。

微細神経障害は生得的なものかもしれないが、後天的な原因も考えられる。それは、胎児期の母胎環境による影響である。母親が妊娠中に飲酒、喫煙、果ては違法薬物使用などをしていた場合、胎児の脳はそれらの「毒物」によってダメージを受けてしまう。実際、妊婦の飲酒や喫煙は、生まれてくる子供の非行リスクを高めてしまうことがわかっている。

微細神経障害を持つ子供は、情緒不安定で乳幼児期から癇癪《かんしゃく》を起こしたり、衝動的な行動を取ったりしやすい。そのため、親は手を焼いて、しょっちゅう口うるさく叱責したり、虐待をしてしまったりすることもあるだろう。また、その行動傾向ゆえに、幼稚園や学校で友達に疎外されることになれば、悪い仲間集団に居場所を求めることにつながるだろう。

つまり、先ほど原因は子供の「中」にあると言ったが、それが非行へと至る過程では、「外」の要因ももちろん無視できない。非行や犯罪に限ったことではないが、およそ人間の行動というものは、生物学的要因（遺伝負因や器質的要因）と環境的要因（家庭、学校、社会）との相互作用によると考えるべきである。

われわれ人間の行動には、様々な原因が複雑にからみ合って作用しているのであって、それを目立った少数の原因のせいにして単純化すると、往々にして間違った理解となる。犯罪の原因を脳の小さな傷によると片付けたり、親の育て方が悪い、社会の格差が悪いなどと環境のせいにするのは、どちらも正しい理解ではない。

したがって、犯罪を正しく理解するためには、生物学的要因、環境的要因にはどのようなものがあり、それぞれがどのように作用し合っているのかを、データに基づいて冷静に考える必要がある。

†犯罪者への対処

さて、ここで問題になってくるのは、これらの犯罪者にどう対処すればよいのかということである。青年期限定型犯罪者のほうは、ごくごく乱暴な言い方をすれば、時間がたてば「治る」から、放っておけばよいとも言える。

もちろん放っておいて、さらに道を踏み外しては困るので、そうならないように社会は彼らを保護し、必要な教育をする必要がある。とはいえ、片っ端から刑務所や少年院に入れ、厳罰を与えるという対処は、問題をこじらせるばかりで解決にはならない。できるだけ社会の中で、周囲の大人が彼らの声にも耳を傾けながら、適応的な生活を送れるようにサポートすることが大切である。

一方、生涯継続型犯罪者は、一生犯罪を繰り返すのだから、打つ手なしなのだろうか。確かに、彼らの処遇は厄介である。彼らはそもそも失敗から学ぶことができにくい。指導に素直に従ったり、ルールという枠組みに従順になることも考えにくい。

過去にはこの種の犯罪者には何をやっても効果がないと悲観されていた。しかし、幸いなことに最近では随分事情が異なってきている。もちろん、今でも彼らの処遇は簡単ではないが、現在ではこのようなタイプの犯罪者に対する「治療」のノウハウが蓄積され、効果を挙げつつある。つまり、確実に再犯率を下げることができるようになっている。

その詳細は後で述べるが、例えば宅間の場合ですら、短い期間ではあったが、家庭を持ち公務員として勤務をする中で、犯罪とは無縁の時期もあった。本人なりに反省をし、助けを求めたこともあった。したがって、彼を犯罪から遠ざけた要因を探ることによって、最悪の事件に至る前、今後の犯罪を抑制するための方策を講じることは可能だったかもしれない。

つまり、生涯継続型犯罪者とは、何も一生涯犯罪がやめられない「不治の病」に冒された、どうしようもない存在ではないということである。したがって、専門的なサポートによって、問題性を改め、適応的な行動パターンを獲得させることは可能である。

病気の場合と同じく、早期発見・早期治療は、犯罪の治療においても非常に重要である。つまり、犯罪を「こじらせない」うちに、早目に問題を発見し、手当てをすることが求められる。例えば、大人になってからより少年時代のほうがよいだろうし、刑務所に入った後よりは、入る前のほうが治療のタイミングとしては望ましい。

だとすれば、できるだけ早期に、その子供が生涯継続型犯罪者である可能性を見出せれば、早い対処が可能になる。生涯継続型犯罪者は、発達の初期から問題行動が見られるのだから、一〇歳前までに多種多様な非行が見られたような場合は、その可能性を疑うべきである。

精神医学的に言えば、非行は「素行障害」と呼ばれる。その診断基準は、表1-1のとおりである。そして、一〇歳以前からこの診断基準を満たすか、あるいは思春期以降かに

表1-1　素行障害の診断基準

診断基準
A.　他者の基本的人権または年齢相応の主要な社会的規範または規則を侵害することが反復し持続する行動様式で、以下の15の基準のうち、どの基準群からでも少なくとも3つが過去12カ月の間に存在し、基準の少なくとも1つは過去6カ月の間に存在したことによって明らかとなる。
人および動物に対する攻撃性
(1)　しばしば他人をいじめ、脅迫し、または威嚇する。
(2)　しばしば取っ組み合いの喧嘩を始める。
(3)　他人に重大な身体的危害を与えるような凶器を使用したことがある(例：バット、煉瓦、割れた瓶、ナイフ、銃)。
(4)　人に対して身体的に残酷であった。
(5)　動物に対して身体的に残酷であった。
(6)　被害者の面前での盗みをしたことがある(例：人に襲いかかる強盗、ひったくり、強盗、凶器を使っての強盗)。
(7)　性行為を強いたことがある。
所有物の破壊
(8)　重大な損害を与えるために故意に放火したことがある。
(9)　故意に他人の所有物を破壊したことがある(放火以外で)。
虚偽性や窃盗
(10)　他人の住居、建造物、または車に侵入したことがある。
(11)　物または好意を得たり、または義務を逃れるためしばしば嘘をつく(例：他人をだます)。
(12)　被害者の面前ではなく、多少価値のある物品を盗んだことがある(例：万引き、ただし破壊や侵入のないもの、文書偽造)。
重大な規則違反
(13)　親の禁止にもかかわらず、しばしば夜間に外出する行為が13歳未満から始まる。
(14)　親または親代わりの人の家に住んでいる間に、一晩中、家を空けたことが少なくとも2回、または長期にわたって家に帰らないことが1回あった。
(15)　しばしば学校を怠ける行為が13歳未満から始まる。
B.　その行動の障害は、臨床的に意味のある社会的、学業的、または職業的機能の障害を引き起こしている。
C.　その人が18歳以上の場合、反社会性パーソナリティ障害の基準を満たさない。

出典）アメリカ精神医学会(2014)『DSM－5 精神疾患の分類と診断の手引』

よって「小児期発症型」「青年期発症型」に分類される。これは、単なる発症年齢による分類にとどまらず、これまで述べてきたように、予後を推測し、治療や対処を考える上で非常に重要な分類である。

✝もう一つの大量殺人事件

一方、同様に無差別大量殺人事件を起こしながら、宅間とはまったく異なる人生を歩んできた犯罪者もいる。附属池田小事件から七年後の奇しくも同日、二〇〇八年六月八日に、東京秋葉原で起こった秋葉原無差別殺傷事件の犯人、加藤智大《ともひろ》である。

ここからは、似て非なるこれら二つの事件を比較しつつ、秋葉原事件を概観してみよう。

事件が起こったのは、人々でごった返す日曜日昼下がりの歩行者天国であった。その行き交う人々の群れの中に、二トントラックが信号を無視して突進してきた。たちまち五人の人々が、跳ね飛ばされた。

次に、犯人はトラックを降り、大声を上げながら手にしたダガーナイフで、周囲の人々に襲いかかった。倒れた人を介抱している人の背中にも、容赦なく刃《やいば》が突き付けられた。

しかし、繁華街であったので、すぐさま事態を察した警察官が詰めかけ、発生から間もなくして犯人は取り押さえられた。それでもこの真昼の惨劇によって、七名もの人が死亡し、一〇名が重軽傷を負った。附属池田小事件と同じく、まったく無防備な日常の中で起こった凶悪な事件に社会は震撼した。

†加藤智大の生い立ち

加藤智大は、事件当時二五歳。勤めていた静岡県の工場をトラブルが元で事件三日前に飛び出した後、福井でナイフを購入し、静岡に戻ってトラックを借り、高速道路で東京に向かって凶行に及んだ。

加藤が生まれたのは青森県である。父親は金融機関に勤めており、母親とは職場結婚であった。二人兄弟の長男で、三歳離れた弟がいる。

事件直後から、母親の非常に厳しい「しつけ」が繰り返し報じられた。というのも、弟が週刊誌で手記を発表し、家庭の様子を詳細に紹介したからだ。

母親は、何から何まで子供のことをコントロールせずにはいられない性分だったようで、思い通りにならないときは問答無用の厳しい体罰を振るった。例えば、息子の食事のスピードが遅いことが気に入らず、新聞紙や床の上に食事をぶちまけてそれを食べさせたり、「スタンプカード」を作って叱られた加藤が泣くたびにスタンプを押し、一〇個たまるとさらなる罰を加えたりなどと、この手の一種異様とも言えるエピソードには事欠かない。

加藤は、学校では成績優秀でスポーツも得意であったが、作文でも図画でも、彼が何をやっても母親は気に入らず、厳しく介入した。友達付き合い、部活、テレビ番組など、生活すべての局面においても母親が決めたとおりにしなければならなかった。

中学での加藤は、仲の良い友達にも恵まれ、ほとんど毎日のように友達の家に集まってゲームをして過ごしていたが、突然理由もわからずに「キレる」ことが多く、友達を殴ったり、素手でガラスを叩き割ったりしたことがあった。

高校は名門青森高校に進んだものの、その直後から勉強への意欲をなくし、四年制大学には進学せず、岐阜県の自動車関係の短大に進学する。しかし、ほとんどの学生が自動車整備士の資格を取って卒業する中で、加藤は資格を取ることなく卒業した。また、卒業間際には、友人トラブルが元で寮を追い出されている。

進路も決まらずに卒業した後は、宮城、埼玉、茨城、青森、静岡など、日本各地を転々として警備員、工員などの非正規の仕事を始めては辞めるということを繰り返している。

実は、その就職－離職のパターンの中に、彼の問題性がよく表れている。彼はどの職場でも、最初のうちは同僚や上司と比較的良好な関係を築き、仕事振りも評価されている。しかし、何か気に入らないことや思い通りにならないことがあると、相手に痛い思いをさせて思い知らせてやろうという意図によって、「飛ぶ」――つまり無断で職場からすっといなくなってしまうのである。

政治学者である中島岳志は、秋葉原事件を扱ったルポの中で、これを加藤独特の「アピール」であると述べている。加藤本人も自らの手記の中で、これらの行動は、相手に「無視できない痛みを与えるため」「少し痛い目にあってもらうことで間違った考え方を改めさせるため」のものであったと述べている。

また、加藤は友人関係で傷付いた後、自殺をほのめかしたり、実際にその一歩手前までに至ったりしているが、それすら彼にとっては「メッセージ」としての行動であり、「私と一緒にいてくれない、という彼らの間違った考え方を改めさせるために彼らに心理的に痛みを与えるための自殺」であったと述べている。

†ネットという居場所

加藤を語るときに避けて通れないのは、インターネットの掲示板という世界である。彼は、友達も多く、親身になってくれる仲間もいたが、子供のころの体験から自分に自信が持てず、本音での人間関係を持つことができなかった。また、自分の容姿や学歴などにも大きな劣等感を抱いていた。

このような彼が、唯一本音を語り、劣等感を自虐的に語って「受け」をねらうことができたのが、ネット掲示板というバーチャルな世界だった。そして、そこでコメントをもらうことが何よりの生きがいになっていく。彼は受ける「ネタ」のためには金を惜しまなかったと述べている。

しかし、ネット社会でも彼の発言が疎まれたり、偽物が現れたり、果ては誰からもコメントがもらえなくなって、結局どこにも居場所がないという心境にまで追い込まれていく。そうして、彼が最後に「飛んだ」のが、今回の事件であった。

†秋葉原事件の理解

宅間と加藤、この二人の事件は、その凶悪性や重大性、そして社会に及ぼした衝撃という点において、非常に似通っている。しかし、二人の犯人像は驚くほどに異なっている。

秋葉原事件の後、メディアはこぞって格差社会の問題、ネットというゆがんだ空間がもたらした問題、そして母親の行き過ぎたしつけなど、一つ二つの「わかりやすい」原因を取り上げて、この事件を説明しようとしていた。

中島は、「単純化した答えを求めてはいけない。世界も人間も、極めて複雑な存在だ。決して、わかりやすいものではない」と述べるが、まったくその通りである。理解できない事件に際して、われわれは言いようのない不安を抱く。だからと言って、単純でありきたりの説明でわかったような気になり、一時の安心を得ても、それは何の解決にもならない。

科学としての犯罪心理学が、これらの事件をどのように説明し、理解するかについて、これから順を追って説明していくが、まず着目したい点は、先ほども述べたとおり、犯人像の等質性と異質性である。

†両者の等質性

まず、この二人に共通する点は、どこだろうか。真っ先に挙げるべき点は、人命の軽視、暴力を肯定する価値観や態度、残忍性、冷酷性などであろう。

また、自分の痛みには過敏で、傷付いたり怒ったりしやすいが、その反面、人の痛みには驚くほどに鈍感だという点も共通している。それと関連して、両者ともに被害者意識がきわめて強く、他者を傷付けたり、困らせたりすることで仕返しをしようという態度が顕著な点も瓜二つである。

対人面で見れば、一見両者とも様々な対人関係を有していたが、愛情や信頼に基づいた深い関係を築いていたとは言えず、心理的には孤立していたと言ってよい。

仕事が長続きせず、職を転々としていた点も共通している。二人とも仕事上のトラブルに対して、努力でそれを乗り越えたり、前向きな方法で解決したりするような、適切な対処能力をまったく欠いていた。

努力することは、それはそれで人が生きていく上での重要な能力の一つである。それは当たり前に誰もができるようなものではない。

また、趣味と呼べるものや、何か打ち込めるようなものがなかったという点も、両者に共通している。加藤の場合、ネットやゲームなどが趣味であるように見えるが、実はそうではない。ゲームにはまってはいたが、本人自身「実際、趣味もありませんでした」と述べるように、これらは単なる時間潰しの手段でしかなかった。ネット世界は、加藤にとって現実逃避の不健康な逃げ場であり、リラックスしたり、自分を高めたりするような場所ではなかったのである。

†両者の異質性

しかし、肝心なところで両者は大きく異なっている。妙な例えをすれば、両者が仮にどこかで出会ったとしても決して友達にはならなかっただろうし、共感し合うようなこともなかっただろう。

宅間の場合、幼少時から「悪ガキ」で、ルールを無視した行動や粗暴行動が顕著であった。本件までにも数多くの凶悪事件を起こし、それを楽しんでいるような異常性も見られた。また、次々と女性を口説き落とせるような表面的な「魅力」があったと推察できる。さらに、彼は強迫思考などの精神症状に常に悩まされており、きわめて不安定な精神状態であった。そして本件については、最後までまったく反省の色を見せず、「ワル」のまま死んでいった。

一方、加藤の場合、少なくとも中学半ばまでは母親の言いなりの子供で、自発性や自己主張を厳しく抑圧されていた。そのせいか、自尊心が非常に低く、特に自分の容姿や女性にもてないことを大きな引け目に思っていた。

中学以降は、時々理由もわからずに「キレる」ことがあり、粗暴性も見られたが、非行や犯罪とは無縁であった。大人になってからも、何とか社会生活を維持しようという気持ちは有しており、曲りなりにも仕事は誠実にこなしていた。

宅間の生い立ちを追う中で、感じるのは嫌悪感や深い闇ばかりで、人間性の発露のようなものはほとんど見られないが、加藤の場合は様子が少し違っている。加藤の人生に垣間見ることのできる友人や同僚との交流、ネットで知り合った仲間との交流の中には、温かいエピソードが点在しており、事件のことを考えなければ、少しほっとさせられたり、思わず胸が熱くなったりする場面もある。

例えば、中島のルポの中で、唯一加藤が心を開いた相手として描かれている職場の先輩から、その身の上話を聞かされたとき、加藤はしゃくり上げて号泣し、自分の悩みも打ち明けるようになっていく。

また、ネットで意気投合し、淡い恋心を抱いたシングルマザーとは、実際に彼女の家を訪ねることになり、彼女や子供の喜びそうなものをたくさん土産として持参している。そして、いろいろと悩みを打ち明けて、それを親身に聞いてもらった後、夜は子供と三人で川の字になって眠る。

こうやってざっと挙げただけでも、それぞれの事件と犯人像には多くの相違点があり、「凶悪な大量殺人事件」として単純化してひとくくりにはできないことがわかる。それぞれの複雑な背景や要因を丹念に検討して初めて、事件の真相に迫ることができる。

この等質性は何を意味するのか、異質性から見えてくるものは何か、こうした複雑性に留意しながら、客観的な科学的データに裏打ちされた知見に基づいて犯罪を説明しようとするのが、新しい犯罪心理学のアプローチである。

第二章　わが国における犯罪の現状

犯罪とは

そもそも「犯罪」とは何だろうか。これは簡単なようでいて、なかなか難しい問いである。例えば、明治時代「不倫」は姦通罪と呼ばれ、犯罪であった。しかも、不公平なことに男性の場合は犯罪ではなく、女性の場合だけ犯罪であった。

現代においては、不倫は読んで字のごとく「倫理」にもとる行為であることは間違いないが、少なくとも犯罪ではない。しかし、イスラム諸国では、現在でも犯罪である国が多い。しかも死刑が適用される場合すらある。

このように、同じ行為であっても、時代や場所によって犯罪であるかどうかは異なってくる。しかし、何が犯罪であって何が犯罪ではないのかを、国家や時の権力者が恣意的に決めていたのでは困る。そのため、現代の法治国家では、それを法律が明確に規定している。

とはいえ、法に触れる行為をすれば、すべて犯罪となるのだろうか。例えば、家に入ってきた泥棒を撃退して怪我をさせてしまったときは犯罪だろうか。精神障害者が、妄想に駆られて人を殺した場合はどうか。あるいは、小さな子供がいたずらをして、誰かに怪我をさせたケースではどうか。

一般に、犯罪というとき、以下の三つの条件をすべて満たさなくてはならない。

1 構成要件該当性
2 違法性
3 責任能力

†構成要件該当性

これは簡単に言うと、行為が刑罰法規に規定されているか否かということである。

わが国では、刑法と特別刑法によって犯罪の構成要件が規定されている。例えば、刑法第一九九条では「人を殺した者は、死刑又は無期若しくは五年以上の懲役に処する」と規定されている。ゆえに、殺人は犯罪である。

また、殺人罪は故意犯だとされているため、「故意」、つまり罪を犯す意思（殺意）がなければ殺人罪ではない。ケンカをして相手を殴った際に、相手が倒れて打ち所が悪くて死んでしまったケースは、たいていの場合殺人ではなく傷害致死になる。それは、「殺してやる」とまで思っていたわけではないから、殺意が認められないためである。同様に、誤って車で人をはねてしまって相手が亡くなったというケースも、殺意が認められないため、殺人ではなく過失運転致死となるだろう。

傷害致死罪の場合、懲役三年以上の有期刑（刑法第二〇五条）となり、殺人よりも罪がずっと軽い。過失運転致死罪の場合は、「七年以下の懲役若しくは禁錮又は百万円以下の罰金」となる（自動車運転死傷行為処罰法第五条）。

また、刑法以外で犯罪が規定されているような場合もある。それが特別刑法であるが、そのような法律の例として、道路交通法、覚せい剤取締法、公職選挙法などがある。

例えば、道路交通法では「車両は、道路標識等によりその最高速度が指定されている道路においてはその最高速度を、その他の道路においては政令で定める最高速度をこえる速度で進行してはならない」（第二二条）と規定されているため、スピード違反は犯罪である。

†違法性

しかし、よく知られているように、正当防衛は犯罪とはならない。それは違法ではないからである。先の例で言えば、家に入ってきた泥棒を撃退しようとして怪我をさせた場合がそれに当たり、過剰な防衛でなければ正当防衛が認められる。

また、不審者に後をつけられていたので、身を守るために他人の家に入ってしまったようなケースも同様に違法ではなく、住居侵入にはならない。これを緊急避難という。

正当防衛や緊急避難は、違法性阻却事由とされ、文字通りその行為の違法性が阻却される。つまり、犯罪には当たらないということになる。

同様に、自明のことではあるが、医師が手術で患者の体にメスを入れても、それは正当な医療行為であり、違法性はないので傷害罪にはならないし、警察官が業務で拳銃を保持していても、銃刀法違反にはならない。

†責任能力

犯罪を定義する際の三つ目の条件は、責任能力である。責任能力とは、是非善悪を合理的に判断したり、その判断に従って行動したりする能力のことをいう。責任能力を欠いた者の行為は、犯罪とはならない。

わが国の刑法では、「十四歳に満たない者の行為は、罰しない」（第四一条）と定められており、十四歳未満の子供には一律、責任能力がないとされている。

ただし、刑事裁判によって罰を与えられないというだけであって、十四歳未満であれば何をしてもよいというわけではない。十四歳未満の子供が犯罪に当たる行為を行った場合を「触法行為」といい、家庭裁判所で少年審判を受ける。

責任能力に関して、最も議論になるのは精神障害者の犯罪についてである。刑法第三九条では、「心神喪失者の行為は、罰しない」と規定されている。心神喪失とは、精神障害等によって責任能力が失われた状態をいう。また、責任能力が失われたとまではいかないが、それが著しく減退していた場合を心神耗弱《こうじゃく》といい、この場合は刑が減軽される。

つまり、心神喪失の場合は、不起訴になるか、起訴されたとしても無罪となる。ただし、この場合は、医療観察法の規定に従って、特別な病院に入院して治療を受ける場合がある。

重大な罪を犯した者が、精神障害を理由に無罪になるのは納得がいかないという意見も多い。しかし、統合失調症や認知症などの重篤な精神疾患によって、本人の持って生まれた人格や判断力などが失われている場合、その行為によって本人を処罰できないというのが刑法の考え方である。

しかも、精神障害者の犯罪は、決して多いわけではない。幻覚妄想に駆られて人を殺したという事件が起きると、新聞やテレビでセンセーショナルに報じられ、われわれは不安を抱く。しかし、「精神障害が犯罪の原因である」というのは「神話」だと先に述べたとおり、精神障害者が犯罪に至るのは例外的だと言ってよい。

例えば統合失調症という病気は、思考や意欲の障害が中核症状である。妄想は、多様な思考障害のうちの一つにすぎず、すべての統合失調症患者が妄想を抱くわけではない。また、意欲の障害とは、意欲が減退し、何をする気も起こらなくなってしまう状態である。これで犯罪に至るわけがない。

薬物摂取が招いた犯罪についてはどうだろうか。二〇一四年六月、東京池袋でいわゆる危険ドラッグを摂取した直後、意識が朦朧とした状態で車を運転し、通行人をはねて死亡させるという事件があった。おそらく、この犯人も薬物摂取をしていなければ、このような事件を起こすことはなかったであろう。

しかし、当然ながらこうしたケースでは、心神喪失や心神耗弱が認められることはない。それは「原因において自由な行為」だからである。意識朦朧状態を招いた原因、すなわち危険ドラッグの摂取は、自らの自由意思に基づいて行ったのであり、それが危険であることを十分認識していたはずである。したがって、このようなケースは完全責任能力とされる。飲酒運転などの場合も同様である。

†犯罪統計

さて、犯罪の定義が明確になったところで、わが国では毎年どれくらいの犯罪が起こっているのかを見てみよう。

犯罪白書によれば、二〇一三年は刑法犯認知件数一九一万七九二九件、特別法犯の検察庁受理件数四五万三九〇件となっている。犯罪統計には、多くの暗数、つまり認知されていない犯罪があるため、統計はあくまで目安でしかないかもしれないが、われわれはこれに頼るしかない。

一年で約二四〇万件の犯罪が起こっていると聞くと、多いと思われるだろうか。しかし、わが国の犯罪は、ここ一〇年間一貫して減少傾向にある。二〇〇三年の刑法犯認知件数は、三六〇万超、特別法犯が九〇万件超であったので、一〇年間で二一〇万件以上減少していることになる（図2-1）。

†窃盗

刑法犯の中で最も多いのは、窃盗である。「浜の真砂は尽きるとも、世に盗人の種は尽

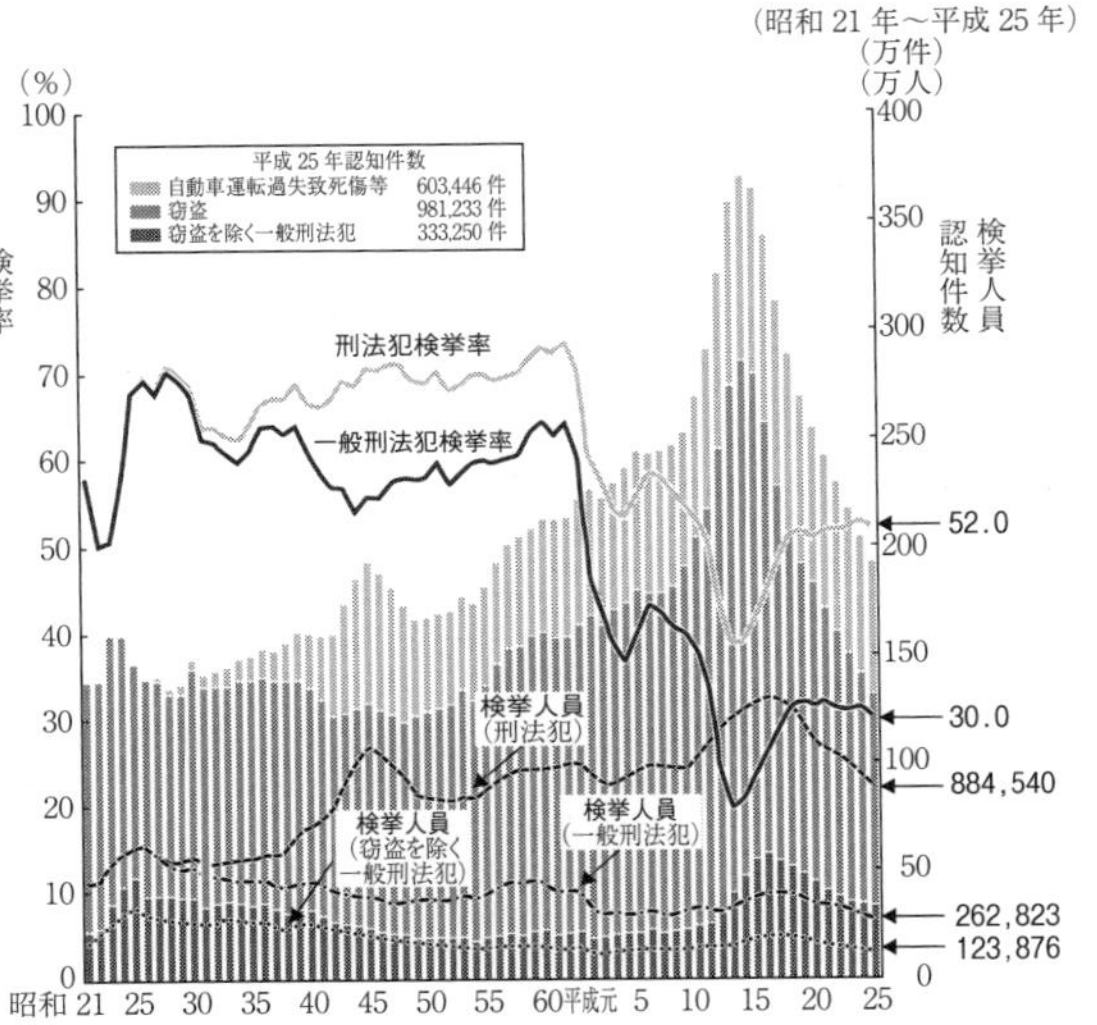

図2-1　わが国の犯罪の動向
出典）法務省法務総合研究所（2014）『平成26年版犯罪白書』

きまじ」とは石川五右衛門の言であるが、時代や洋の東西を問わず、これは共通である。

窃盗の認知件数は九八万一二三三件で、刑法犯の半分を占めている。窃盗には、万引き、置き引き、空き巣、車上荒らし、スリなど様々な手口があり、「ちょっとした出来心」による比較的軽微なものもあれば、職業的犯罪者による大規模で悪質なものもある。

二〇一三年を例に取って手口別に窃盗事件を見てみると、約三〇%が自転車盗でこれが最も多い。次いで、万引き（一三%）、車上荒らし（九%）、オートバイ盗

（五％）、部品盗（五％）、置き引き（四％）、空き巣（四％）などとなっている。一方、ひったくりは〇・八％、スリは〇・六％であり、数としては非常に少ない。

窃盗は、再犯率が高いことも問題である。犯罪白書によれば、窃盗で執行猶予になった者のうち、約三割が四年以内に再犯に及ぶ。特に、万引き犯は再度万引きを繰り返す傾向が大きく、それが比較的軽微だからと言って軽視してよいわけではない。

また、たとえ一つひとつの事件は軽微ではあっても、全国での万引きによる被害額は四千億円と推定されているというから、万引きは決して軽い犯罪であるとは言えない。小規模な商店などにとっては死活問題になる。

その一方で、万引きを繰り返す者の中には、軽度の知的障害を有していたり、クレプトマニアという病的な窃盗癖を有している者もいる。彼らは、刑罰よりも福祉や医療の対象であると言える。

†クレプトマニア

クレプトマニアは、窃盗癖、窃盗症などと訳されるが、アメリカ精神医学会による『精神疾患の分類と診断の手引』（ＤＳＭ-５）では、「個人的に用いるためでもなく、またはその金銭的価値のためでもなく、物を盗もうとする衝動に抵抗できなくなることが繰り返される」障害であると定義されている。

また、窃盗前の緊張感、窃盗時の快感や満足感などを有することが特徴であり、男女比では、女性のほうが三倍から四倍程度多い。

これまで千件を超えるクレプトマニア患者の治療に当たってきた赤城高原ホスピタルの竹村道夫院長は、彼らの犯罪について、「盗みや万引きがやめられないいわゆる窃盗癖者は『窃盗行為をやめたくてもやめられない』わけであり、当人のモラルや良識の欠如を一方的に糾弾し、通常の犯罪者と同様の処罰を下すのではなく、精神障害を抱えた病者とみなし対応すべきだ」と述べる。

また同時に、窃盗が犯罪であるという事実を否定するわけではないということも強調している。すなわち、「有効な問題解決や犯罪抑止のためには、法的な取り締まりを強化するだけでは不十分であり、嗜癖《しへき》治療が欠かせない」ということである。つまり、従来のような刑罰一辺倒の対処ではなく、治療という選択肢の必要性を強調している。

私もまったく同意見である。事例に合わせて、刑罰に代わる措置としての治療、執行猶予や刑罰と組み合わせての治療などを考えるべきではないだろうか。

竹村が監修を務めた『彼女たちはなぜ万引きがやめられないのか?』という著書で紹介されている窃盗癖の事例は、不可思議としか形容できないものがある。

事例A　ほぼ毎日（万引きを）やっていました。生活の〝一部〟というよりも、むしろ〝中心〟でした。食べ物だけじゃなく、アクセサリーや洋服も大量に盗んでいました。毛皮のコートを着たまま、店から出てきたこともあるし、ペルシャ絨毯を抱えて出てきたこともありました。

事例B　自己評価がとても低いんです。万引きをして、タダで盗ってくると、初めて他の人と同じスタートラインに立てる気がしました。最初にマイナスのところにいるから、ズルをすることで初めて人と対等になれる気がしたんです。

私が出会った窃盗癖の受刑者も、まったく不可解であった。とても裕福な家庭の子女で、何不自由なく育っているにもかかわらず、たわいのないものを繰り返し万引きしてしまう。彼女の場合は、プラスチック製のおにぎりの型を何度も万引きしていた。雑貨店やスーパーでおにぎりの型が目に入ると、あたかも体が自動で動いているような感覚になり、気がつくと万引きをしているという。別にそれが欲しいわけではない。

拘置所で彼女に会ったとき、彼女は居室の隅に立っていたが、その立ち姿が奇妙に斜めにかしいでいた。担当職員に聞くと、拘置所の床が不潔で汚らしいから、片足で、しかもできるだけ接地面積を少なくするように立っているのだという。驚いたことに、夜もその姿で寝るらしい。拘置所の食事も不潔だと言ってまったく口にせず、食器が手に触れただけで大声を出して「汚い!」と泣き叫んで暴れ、収拾がつかなくなる。

この事例のように、クレプトマニアの人々は、情緒や行動の統制力がきわめて弱く、多様な問題行動に至りやすいので、拘置所や刑務所では処遇困難者となるケースが多い。

さらに、クロスアディクションと言って、窃盗癖に加えて他の嗜癖症状を抱えている者が多いことも特徴である。特に多いのは、摂食障害や自傷行為であるが、ほかにも薬物やアルコール、ギャンブル、男性依存など実に多種多様である。

いずれにしろ、刑務所の処遇では非常に苦労するタイプの人々であることは間違いなく、刑罰だけで対処するには明らかに限界がある。

†覚せい剤

特別法犯の中で最も多いのは、道路交通法違反(スピード違反、駐車違反など)であるが、それに次いで多いのは覚せい剤などの薬物事犯である。中でも覚せい剤取締法違反で検挙される者は、ここ何十年も連続して毎年一万人を超えている(図2-2)。

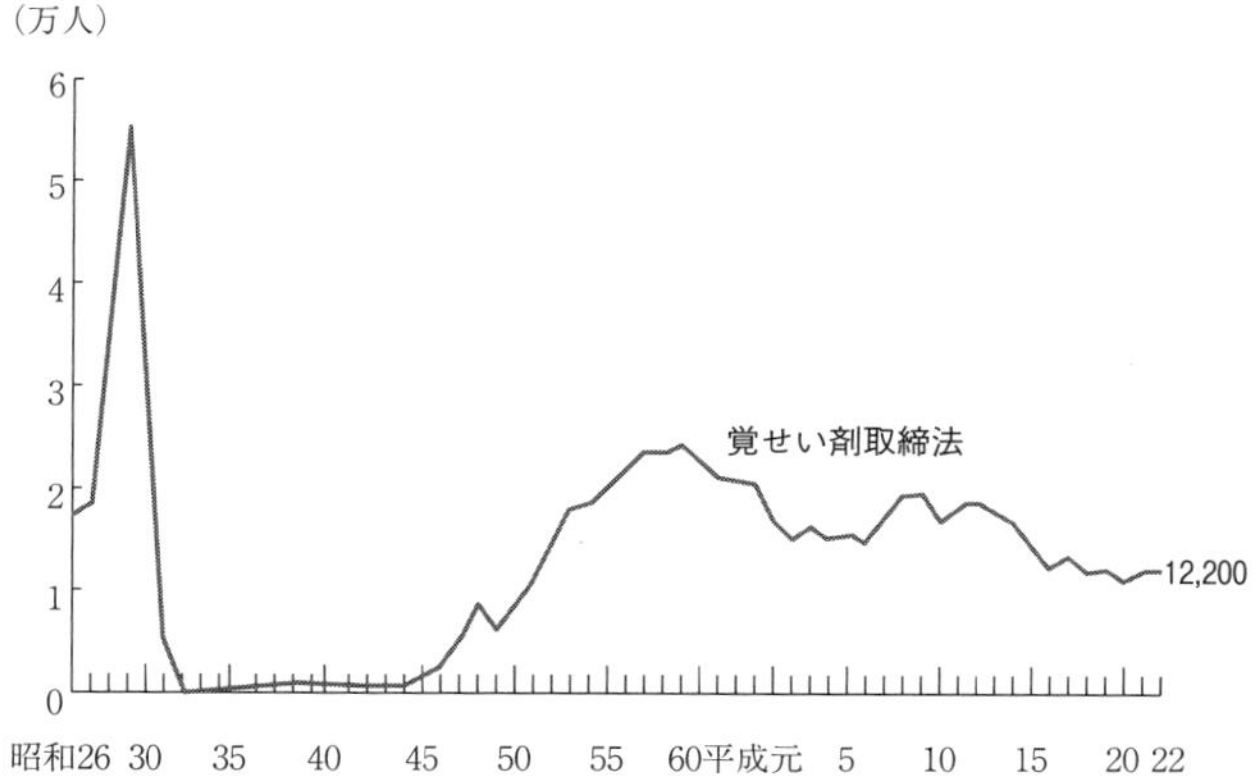

図2-2　覚せい剤取締法違反での検挙人員の推移（昭和26年〜平成22年）
出典）法務省法務総合研究所（2011）『平成23年版犯罪白書』

窃盗同様、覚せい剤の再犯率も高く、四年以内の再犯率は約三割である。また、窃盗を繰り返す者の中には病気の者もいると述べたが、覚せい剤事犯を繰り返す者も、そのほとんどすべてが覚せい剤依存症であると言ってよい。

覚せい剤で逮捕される者の数が一向に減少しないこと、再犯率が高いことを考えれば、薬物犯罪に対しても刑罰だけで対処するには限界があり、依存症治療が必要なことは明らかである。

覚せい剤がなぜ問題かと言うと、それは強力な依存性と精神毒性のためである。覚せい剤に限らず、依存性のある薬物を摂取すると、脳の中の中脳辺縁系という部位で、多量のドーパミンという物質が分泌される。

ドーパミンは別に何か悪さをするような物質ではなく、われわれが毎日、意欲的に快活な生活を送ることができるのも、スムーズに身体を動かすことができるのも、すべてドーパミンのおかげである。つまり、ドーパミンには、われわれの意欲、快感、運動機能などに関連した働きがある。

覚せい剤によって一度に大量のドーパミンが分泌されると、一時的に多幸感を得ることができるが、その後ドーパミンの枯渇が生じ、著しい疲労感、意欲減退、不安などに襲われる。これらがいわゆる禁断症状(離脱症状)である。

覚せい剤乱用者は、薬物使用時の強烈な快感を得るため、そしてこうした不快な離脱症状を和らげるため、さらに薬物を使用するのであり、これが依存のメカニズムである。

さらに、過剰なドーパミンは、幻覚や妄想を引き起こす。このほかにも、慢性的な不安や意欲減退などが生じる。これらが、覚せい剤の精神毒性である。

†諸外国における薬物事犯への対処

わが国の覚せい剤取締法では、覚せい剤の密輸、製造、所持、譲渡、使用のいずれもが犯罪である。このうち、営利目的での密輸は、無期または三年以上の懲役であり、非常に重い罪である。また、覚せい剤使用は十年以下の懲役と定められている。

このように、覚せい剤をはじめ薬物の密輸や密売は、世界中のどの国においても重罪であるが、一方、使用に関しては国によって対処が異なっている。実際、先進国の中で、薬物使用によって刑務所に入る国は日本くらいのものである。なぜなら、ほとんどの国では、刑罰よりも治療が優先されるからである。

例えば、ヨーロッパ諸国の薬物規制に関する法的枠組みは、わが国とは大きく異なっている。ヨーロッパでも薬物の密輸・密売はどの国でも重罪であるが、個人の「使用」に対しては、刑罰よりも治療を優先して社会復帰をサポートするという「非刑罰化」の立場を取っている国が大半である。

ここで注意すべきは、「非刑罰化」と薬物「合法化」はまったく違うということである。薬物使用が違法であることは、これらの国でも同じである。しかし、刑罰に代わって、治療、教育、リハビリテーションなどを優先するのが、非刑罰化の立場である。これは、国連が定めた「麻薬単一条約」第三六条第一項の以下のような規定に基づいている。

> 締約国は、薬品の濫用者が（中略）犯罪を犯した場合には、有罪判決若しくは処罰に代わるものとして又は有罪判決若しくは処罰のほかに、第三八条一項の規定に従って、そのような濫用者が治療、教育、後保護、更生及び社会復帰の措置を受けるもの

とすることができる（傍点引用者）。

これを受けて、EUは二〇一三年から一六年のアクション・プランの中で「加盟国は、薬物使用の罪を犯した者に対し、それが適切な場合はそれぞれの国の法的枠組みに照らし合わせて、強制的処罰に代わる代替措置（教育、治療、リハビリテーション、アフターケア、社会再統合）を提供すべきである」と規定した。

このように、EUはあくまでも薬物使用を「違法」であるとはしながらも、薬物を使用した者に対しては、「処罰よりも社会内での教育・治療」を優先する方向に大きく舵を切っている。

アメリカでも薬物使用者は、ドラッグコートという薬物専門裁判所で、治療か刑務所かの選択を迫られる。治療を選んだ場合は、裁判所の指導・監督の下、社会の中で定められた治療プログラムを受けることが義務付けられる。

こうした先進諸国の対応に比べ、わが国では、薬物使用に対しては専ら刑罰によって対処しており、ほかの選択肢が一切ない。さらに、社会内で治療を受けたくても治療施設が皆無に近いという状況である。

実際のところ、これまでの犯罪心理学研究を見ると、薬物問題への対策として、刑罰には再犯抑止効果がなく、治療、それも社会内での治療が一番効果的であることがわかっている。ヨーロッパやアメリカでは、こうした研究知見を基にして「刑罰から治療へ」という流れができ、効果的な治療のためのインフラが整えられている。

このように薬物使用者を「犯罪者」として糾弾するばかりではなく、その社会復帰を支援し、回復後は社会の一員として受け入れようという姿勢が、今後わが国においても必要なのではないだろうか。

†殺人

次に、最も重大な犯罪である殺人を見てみよう。殺人の件数は、二〇〇四年から一貫して減少傾向にあり、二〇一三年は九三八件である。

軽微な万引きや自転車盗がニュースで報じられることはないが、殺人事件であればニュースとなる可能性が大きいため、われわれは頻繁に殺人事件の報に接している。そのため、「子供が連れ去られて殺された」「女性の腐乱死体が発見された」などのニュースを聞くたびに、毎日日本のあちこちで人が殺されているような錯覚を覚え、治安悪化の心配をする。特に小さい子供を持つ親や、一人暮らしの女性などは、不安をいたずらに高めてしまうこともあるだろう。

また、無差別殺人事件や動機のよくわからない殺人事件の犯人が、「誰でもいいから殺したかった」と証言をしたなどというニュースを聞けば、いつ自分が被害者になるかわからないという不安を抱く人もいるかもしれない。

しかし、日本の殺人事件を詳細に分析した河合幹雄は、殺人事件のほとんどが家族や友人の間で起きていることを指摘している。最も多いのは、親が子を殺す場合で、全体の三四・九%、これだけで三分の一を超えている。そのほか友人知人に殺されたケースが一八・九%、配偶者に殺されたケースが一一・〇%である。面識のない相手に殺されたケースは、一一・一%で全体の一割にすぎない。

つまり、殺人事件の被害者の過半数は、身内によって殺されているのである。そして、その次に多いのは、交際相手や友人に殺されるケースである。したがって、身内や友人に自分を殺しそうな人がいない限り、殺人事件の犠牲者になる可能性はきわめて小さいと言ってよい。

世界中を見渡しても、日本ほど安全で治安のよい国はほかにない。国連薬物・犯罪事務所の「殺人に関する国際研究」(二〇一三年)によれば、人口十万人当たりの殺人発生率は、日本が〇・三であるのに対し、世界で最も殺人発生率が高い中米のホンジュラスは九〇・四であり、なんと日本の三〇〇倍である。人口約八〇〇万人の国で年間七〇〇〇人が殺さ

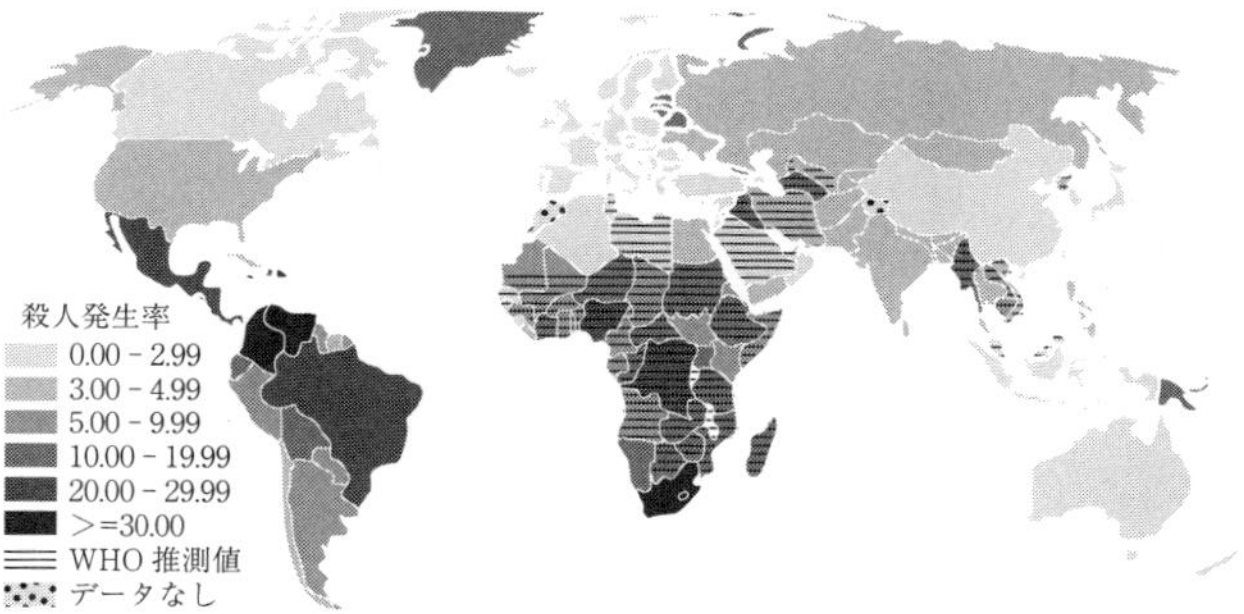

図2－3　世界の殺人発生率
出典）UNODC（2013）*Global Study on Homicide*

れているのだ（図2-3）。

先進国では、アメリカ四・七、ドイツ〇・八、フランス一・〇、オーストラリア一・一などとなっている。アジアでは、中国一・〇、韓国〇・九、タイ五・〇、フィリピン八・八などである。こうして諸外国と比較してみると、日本の〇・三という数値は、世界で一番低い。

しかし、言うまでもなく実際の殺人は、単なる数字ではない。日本では殺人事件が少ないと言っても、殺された人やその遺族にとっては、かけがえのない「一人」が被害にあったことには変わりがない。年間一万件の殺人事件が起きる国でも、千件の殺人事件が起きる国でも、一つひとつの事件の重みや悲しみの大きさは同じである。

したがって、殺人など重大犯罪を防止し、安全な社会を作るための努力を怠ってはならないことは今さら言うまでもない。さらに、遺族や関係者への補償や心理的ケアなども重要な課題である。

†詐欺

新たに刑務所に入る人々のうち、最も多い罪名は窃盗、第二位が覚せい剤であるが、第三位は詐欺である。詐欺と言えば、よくニュースで話題になるのは、いわゆる「振り込め詐欺」などの特殊詐欺である。確かにその被害規模は甚大であり、警察庁のまとめによれば、二〇一三年には振り込め詐欺だけで九二〇四件、被害総額約二六〇億円であり、特殊詐欺全体では五〇〇億円に近い規模となっている。

しかし、詐欺事件の総認知件数は、約三万八〇〇〇件であるので、特殊詐欺はその一部にすぎない上、振り込め詐欺の一部は恐喝事件として立件されているケースもある。それでは、そのほかの詐欺とはどのようなものだろうか。

†累犯障害者

私が最も懸念しているのは、高齢者や障害者など身寄りのない刑務所出所者による無銭飲食である。無銭飲食は、罪名で言うと詐欺である。それは、所持金がないことがわかっていて注文をし、食事をしたのだから、飲食店をだましたことになるからだ。

よほど悪質でない限り、無銭飲食で刑務所に入ることはない。被害額が比較的小さいためである。しかし、刑の執行が終了した後、五年以内に犯罪に至った場合は、累犯といって、刑が厳しくなる。

そのため、刑務所を出所して、すぐに近くの飲食店で無銭飲食をすると、懲役刑となり、また刑務所に舞い戻って来るというケースがある。なぜこんなことをするのかと言うと、高齢であったり、障害があったりして、社会に出ても住む所や仕事、身寄りがない場合、彼らにとっては刑務所のほうが居心地がよいのである。

刑務所であれば、雨露はしのげるし、きちんと三食食べることができ、風呂にも入ることができる。病気になれば診てもらえるし、一人で寂しい思いをすることもない。

私は、二〇〇八年度に日本社会福祉士会から委嘱され、リーガルソーシャルワーク研究委員会のメンバーとして、全国各地の刑務所における障害を有する受刑者について調査した。その結果、例えば栃木県の黒羽刑務所では、全受刑者約二〇〇〇名のうち、身体医療上の配慮を要する者が九〇〇名、精神医療上の配慮を要する者が一六〇名、この双方の配慮を要する者が一〇三名収容されていることがわかった。

また、名古屋刑務所では、定員二五〇〇名弱のうち、七〇歳以上の者が五・二%、六〇代の者が一一・九%収容されていた。同所には人工透析器が配備されている関係で、全国から人工透析が必要な受刑者を受け入れており、常時フル稼働の状態であった。

知的障害者については、『矯正統計年報』(二〇一三年)によると全受刑者の二割が、知能指数六九以下(軽度知的障害)であるとされている。

これは、知的障害者が犯罪に至りやすいということではない。知的障害や精神障害と犯罪には関連がないことがはっきりしている。矯正統計からわかるのは、わが国では軽度知的障害者が見過ごされやすく、十分な福祉的サポートを受けられないので、生活に窮して犯罪に至るという不幸な状況に置かれているという事実である。

山本譲司は、衆議院議員であったときに政策秘書給与の流用事件を起こし、二〇〇一年から黒羽刑務所で受刑したが、そのときの体験を元に『累犯障害者：獄の中の不条理』を著している。その中で、彼は「刑務所の一部が福祉施設の代替施設と化してしまっている」という現状を訴えている。

私もある高齢受刑者から、「刑務所では真面目に生活するから、満期が来ても外に出さないでください」と訴えられたことがある。「真面目にやるから早く出してくれ」というのが普通であるが、彼にとっては外の生活のほうが、刑務所より苛酷なのである。

また、前科三一犯という受刑者にも面接をしたことがある。前科三一犯と聞けば、どんな極悪人かと想像されるかもしれないが、実像は極悪人からはかけ離れている。凶悪事件を何度も起こしたのであれば、一回一回の刑期は長くなるので、三一回も受刑することは不可能である。無銭飲食などの軽微な犯罪を繰り返し、懲役三カ月、六カ月などという短い刑を繰り返しているから、前科三一犯などという驚くべき経歴になってしまったのである。

最近になって、やっと社会福祉士などの福祉専門職が刑務所に配置され、出所前から役所や福祉施設などと協力して、こうした受刑者のサポートをする体制ができつつある。しかし、社会内の受け皿の整備はまだまだである。

したがって、山本が言うように「福祉がいまのままの状況で停滞しているなか、刑務所内福祉が充実してしまうと、結果的に、実刑判決を下される障害者がより増えていき、刑務所への障害者の流入が加速される危険性もある」。

そもそも、知的障害者のように、責任能力すら疑われる人々が刑務所にいること自体がおかしい。福祉の充実と併せて、こうした人々をどうサポートしていくべきか、司法や福祉の関係者を含め、われわれ自身の意識改革が必要である。

†性犯罪

性犯罪には、強姦、強制わいせつなどのほか、痴漢、盗撮、下着窃盗など多種多様のものがある。中でも強姦は「魂の殺人」と呼ばれることもあるように、被害者は一生かかっても癒えることがないような測り知れない痛手を負うケースがある。

自ら性犯罪の被害に遭った小林美佳は、その著書の中でこう記している。

頭では「加害者が悪い」ことは分かっている。しかし、特に性犯罪の場合、それを表沙汰にできない風潮が社会にある。被害者たちは『隠さなくてはならない』と被害体験を抱え込み、揚げ句、自分に非があったのではないかという気持ちに苛《さいな》まれ、それまでの自分の生き方や存在すべてが否定されるような心境に追い込まれ、自分自身を否定してしまうのではないか。

どんな事件であっても、被害者が悪いなどということは絶対にない。様々な事情はあったとしても、それによって犯罪を正当化することなど到底できない。ましてや性犯罪の場合は尚更である。

さらに、当の被害者は、理不尽な性暴力に対して、相手を憎むと同時に自らをも責めてしまい、誰にも相談できないままPTSD（心的外傷後ストレス障害）などの精神疾患を発症してしまうこともある。被害者ケアの重要性が叫ばれる所以である。

このように性犯罪は憎むべき犯罪であるが、わが国では毎年強姦事件が千数百件ほど発生している。しかし、ほかの事件以上に、この種の事件では暗数が多い。被害者が、泣き寝入りをする場合があるからだ。また、犯人が逮捕されないケースも少なくない。強姦事件の検挙率は、八〇%ほどしかない。

一方、わが国で発生件数が最も多い性犯罪は、痴漢である。痴漢はそのほとんどが刑法犯ではなく、都道府県によって名称は若干の相違があるが「公衆に著しく迷惑をかける暴力的不良行為等の防止に関する条例」(迷惑防止条例)という条例違反である(悪質なものは、強制わいせつ罪となる)。

警察庁のまとめでは、電車内の痴漢行為は検挙されたものだけで、毎年およそ五〇〇〇件発生している。また、東京・大阪・名古屋の三大都市圏に住む女性二二二一人に対して警察庁が行ったアンケート調査では、「過去一年に電車内で痴漢被害に遭った経験がある」と答えた女性は、一三・七%に及んでいた。

そして、痴漢被害に遭った三〇四人の女性のうち、八〇・九%が「我慢した」「その場から逃げた」と回答しており、「警察に通報した」という人は、わずか二・六%しかないことから、いかに暗数が多いかがわかる。その理由としては、「恥ずかしかったから」(二三・二%)、「怖くて何もできなかったから」(四五・一%)などとなっている。

痴漢というのは、このように女性の羞恥心や恐怖心に付け込んだ犯罪であるが、実は世界中でこんなに痴漢事件が発生しているのは日本くらいのものであり、まさに日本特有の犯罪だと言ってよい。その最大の理由は、満員電車である。これだけの満員電車で毎日膨大な数の人々が通勤する社会は、世界中見渡してもほかにないからである。

しかし、このような物理的な理由だけではない。西洋と比較して、日本の女性がおとなしく、被害に遭っても声を上げにくいことや、男性の攻撃性が比較的低いことなども理由として挙げられるかもしれない。欧米諸国では、性犯罪と言えば、強姦などの暴力的性犯罪や小児性愛などが多い。

†性犯罪者治療

性犯罪に関して、わが国の刑務所は、すべての犯罪の中で最初に「再犯防止プログラム」を導入した。つまり、ほかの罪種に先駆けて、性犯罪が「治療」の対象となったというわけである。それは、二〇〇四年に奈良県で起きた痛ましい「奈良県女児誘拐殺人事件」が契機となっている。

この事件では、当時小学一年生の女児が下校途中に誘拐され、殺害、遺棄された。犯人はさらに、被害者の携帯電話を使って、母親に遺体の写真を送付したり、「次は妹をねらう」というメールを送信したりするという残忍きわまりない行動に出て、それが世間の大きな怒りを買った。

約一カ月半後に犯人小林薫（当時三六歳）が逮捕されたが、彼には過去にも幼児への強制わいせつで受刑歴があることも大きな問題となった。つまり、性犯罪で受刑をした者が、出所後同種の事件を犯してしまったことで、「刑務所は何をしていたのか」という批判が集まったのである。

この事件を受けて、性犯罪で受刑した者の出所情報を、法務省が警察に提供する制度が新設された。そして、刑務所では「性犯罪者再犯防止プログラム」が実施されるに至った。

私はそのプロジェクトチームの一員として、プログラムの開発に携わった。プログラムの詳細は後で解説するが、これはこれまでとにかく処罰一辺倒であったわが国の刑事司法が、処罰に加えて「治療」という心理学的介入を取り入れたという画期的な出来事であった。

それが可能になったのは、奇しくも時を同じくして「刑事収容施設法」が成立したためである。それまで刑務所は、明治時代に成立した「監獄法」に従って運営されてきた。明治の法律であるから、当然、「心理学の知見を用いて犯罪者を治療する」などという考えはない。刑務所でもっぱら刑務作業をさせることによって、勤労意欲を喚起し、正しい生活習慣を身に付けさせることが、再犯抑止につながると考えられていた。

刑務作業は今でも矯正処遇の重要な一要素であるが、やはりどれだけ真面目に作業をしても、性犯罪者の犯罪傾向が矯正されるとは思えない。これは、性犯罪者だけでなく、先に述べた窃盗、薬物、殺人などの犯罪についても同じである。今後、ますます刑務所内における「犯罪者治療」の重要性が高まってくることは間違いない。

†逮捕後の流れ

犯罪ドラマでは、犯人が逮捕されればそれでめでたしめでたしとなるのが普通であるが、現実はそこから先が大変である（図2-4）。

警察によって被疑者が逮捕された後、事件は検察庁、そして裁判所へと送られるのであるが、実は裁判を受ける人は年間で約六万人しかいない。先に年間二四〇万件の犯罪が起こっていると述べたが、残りの二〇〇万人以上の人はどこに行ってしまったのだろうか。

刑事司法のルートには、警察、検察、裁判所という「メインルート」のほかに、いくつも途中で枝分かれがあり、裁判にまで至るのは本当に重大な事件に限られている。このような枝分かれのことをダイバージョン（英語で「脇へそらす」の意）と呼んでいる。

なぜこのようなことをするのかと言えば、まず実際的な問題として、裁判所の処理能力の問題がある。現在でも裁判官は多忙をきわめているし、裁判に時間がかかりすぎることも問題になっている。軽微な事件も含めて、すべてを同じようなプロセスで処理するというのは現実的ではない。

もう一つの理由は、「罪と罰」の均衡ということである。二四〇万件の犯罪の中で最も多いのは、スピード違反や駐車違反などの軽微な交通違反である。こうしたものを一つひとつ身柄を拘束して取り調べをしたり、裁判にかけたりすることは、自業自得とはいえ、

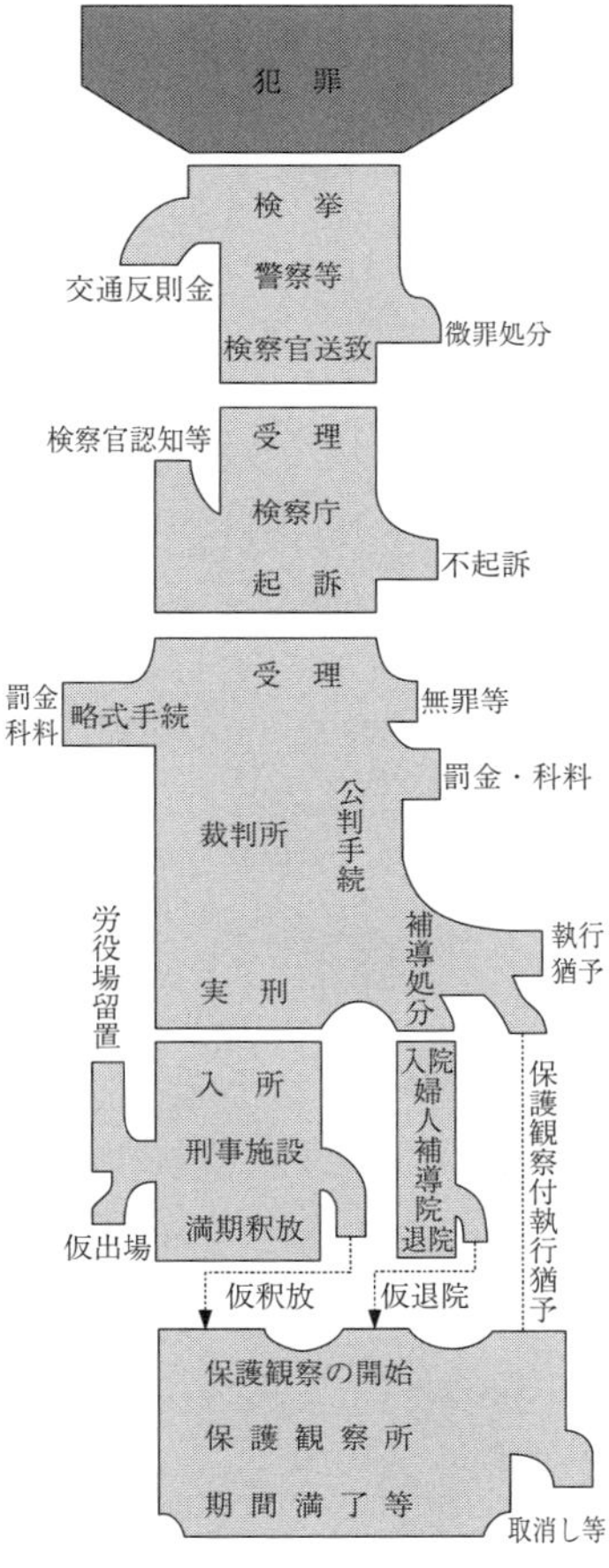

図2-4　刑事司法手続きの流れ
出典）法務省法務総合研究所（2014）『平成26年版犯罪白書』

本人にとって著しい不利益になることは言うまでもない。仕事や学校を休む必要があるだろうし、場合によっては解雇されたり退学になったりするかもしれない。

このような理由から、軽微な交通違反であれば、通常は警察が交通反則金という行政処分で済ませる。あるいは、自転車盗や万引きなどの軽微な事件は、微罪処分といって警察段階で手続きを終了させることもある。これらの手続きがダイバージョンである。

一方、それ以外の事件は、検察庁に送致され、検察官は被疑者を取調べたのち、起訴、不起訴、起訴猶予などの決定を下す。起訴というのは、裁判にかけるということである。

検察官の取調べの中で、無実であることがわかったり、そもそも犯罪事実があったのかどうかが不明確であったり（嫌疑不十分）すれば、不起訴となる。証拠が不十分であれば起訴猶予などとなる。これらは、検察段階でのダイバージョンである。

二〇一三年に検察庁が受理した事件は約一三三万件であるのに対し、不起訴になったケースは約八三万件（六二％）、起訴され公判請求されたのが約一〇万件（七％）、残りは略式起訴などである。略式起訴とは、簡易裁判所に提起する公訴で、通常即日結審で五〇万円以下の罰金・科料となる。略式手続となるのもほとんどが交通関係の事件である。

起訴（公判請求）された場合、裁判になるが、その年に裁判が終結した人数が、先ほど挙げた六万人である。これまでの諸々の手続きによって、二四〇万人がここまで絞られたわけである。

裁判の結果もまた様々である。大まかに有罪か無罪かで分けると、わが国の裁判における有罪率はなんと九九・九九九八％。無罪は、〇・〇〇〇二％しかない。これは当然と言えば当然の結果である。検察官は捜査の結果、確たる証拠のあるケースだけを起訴するからである。

とはいえ、もちろん少数ながら無罪になる者はいるし、冤罪事件も起こっている。したがって、われわれは、この高い有罪率ゆえに「起訴されたのだから、有罪になって当然」という思い込みをしないようにしなければならない。

わが国では逮捕された時点で、あたかも有罪が決まったかのような印象を与える報道がなされるし、われわれもそのように思いがちである。しかし、裁判員裁判の時代、われわれ国民一人ひとりが、被疑者や被告人、あるいはその関係者の人権について、もう一度認識を新たにする必要があるだろう。

†判決確定後

さて、一審の有罪判決の内訳を見てみると、二〇一三年の場合、死刑八人、懲役・禁錮約六万人、うち執行猶予が約三万人である。つまり、裁判の結果、大部分は懲役や禁錮の判決が下されるが、そのうちの約半数が執行猶予となるので、実際に刑務所に行くのは三万人弱である。

刑務所に入所する者のうち、最も多い事件はやはり窃盗で約三五％、次いで覚せい剤二五％、詐欺八％の順である。特に上位二つは、事件数の多さに加え、再犯が多いことも関係している。通常、初犯であれば執行猶予となり、刑務所入所にまで至らないケースが多いからである。

無罪、罰金、執行猶予などになった者は、そのまま釈放される。懲役や禁錮の実刑が確定した者だけが、裁判終了後、拘置所に戻り刑務所への移送を待つ。

†非行少年に対する手続き

非行少年への手続きも簡単に述べておこう。二〇一三年、検察庁が受理した非行少年の数は、約一一万人である。少年の場合、警察によって逮捕・補導され、検察庁に送致された後、成人と違うのは、すべてのケースが家庭裁判所に送致されるという点である。

家庭裁判所の決定のうち、最も多いのが「審判不開始」である。これは、文字通り審判を開かないということであり、軽微な非行の場合はここで事件の処理が終結する。家裁に送られた少年の約半数が、審判不開始となっている。

そのほか、審判は開いたが、「不処分」となる少年も約二万人いる。不開始と不処分は、いずれもダイバージョンだと言えるが、この両者で七割を占める。

少年法は、第一条で、「この法律は、少年の健全な育成を期し、非行のある少年に対して性格の矯正及び環境の調整に関する保護処分を行う」ことを目的とすると規定している。つまり、非行少年を罰することよりも、健全な育成をサポートすることを第一の目的に置いている。

したがって、警察や検察の段階で十分な反省が見られたり、家族の指導が期待できたりする場合は、何もそれ以上の処分を科さなくても十分だというわけである。軽微な非行に対して重い処分を与えてしまった結果、本人や周囲が「非行少年」だというレッテルを貼り、学業や仕事を続けられなくなれば、更生の妨げになり、逆効果となる。

一方、事件が深刻であったり、周囲の環境が劣悪である場合はそうはいかない。このようなケースは、少年の身柄をまず少年鑑別所に送致して、心身の状態を詳細に調べる。これを観護措置という。観護措置を受ける少年の数は、およそ一万人であり、非行少年のごく一部である。

そして家庭裁判所は、鑑別結果を踏まえて、「保護処分」の決定を下す。この場合も、罰ではなく、健全育成を目的とした少年保護のための措置である。

保護処分は大きく分けて二種類がある。保護観察と少年院送致である。保護観察とは、保護観察官や保護司の指導を受けながら、社会内での生活を送るものである。一方の少年院送致とは、文字通り少年院に送致されるため、家には帰れない。二〇一三年に少年院送致となったのは、三二〇〇人弱で、全体のわずか三%に過ぎない。

さらに、殺人など故意に人命を奪う事件を起こした一六歳以上の少年は、原則として家裁から検察庁に逆送される。この場合、成人同様の刑事裁判にかけられることとなり、裁判の結果次第で、少年刑務所での受刑となる場合もある。二〇一三年に少年受刑者となった者の数は、三一人である。

†犯罪心理学者という仕事

ところで、これら一連の流れのうち、犯罪心理学の専門家の出番がどこにあるのかを説明したい。わが国では、数こそそれほど多くはないが、犯罪や非行に関する様々な領域で心理学の専門家が仕事をしている。

まず警察である。警察庁には科学警察研究所、都道府県警には科学捜査研究所という組織があり、その中に心理学関連の部局がある。科学警察研究所では、犯罪行動科学部がそれに当たる。犯罪行動科学部には、さらに少年研究室、犯罪予防研究室、捜査支援研究室があり、それぞれ少年非行の態様や原因に関する研究、防犯対策の効果に関する研究、プロファイリングなど科学的捜査の手法に関する研究などを行っている。

裁判所では、主に家庭裁判所が活躍の舞台である。家庭裁判所は、少年事件（少年非行）と家事事件（相続や離婚などの家族内の争い）を扱うが、そこには家庭裁判所調査官という心理学の専門家がいる。少年事件に関しては、非行少年との面接、家庭や学校などへの訪問を通して、非行の背景を調査・分析することが仕事である。

少年司法の分野では、このほか少年鑑別所や少年院、保護観察所で犯罪心理学の専門家が仕事をしている。少年鑑別所は、家庭裁判所の決定に基づいて非行少年を収容し、その心身の精密な検査（鑑別）を行う施設である。各種の知能検査、心理検査、そして面接などによって、少年の性格、非行の背景、今後の指導指針をまとめ、家庭裁判所に提出する。

少年審判の結果、保護観察決定がなされた場合、その少年は保護観察官の指導を受ける。保護観察官はまた、成人のケースを指導することもある。それは保護観察付執行猶予になった者や、刑務所を仮釈放になった者である。

少年院にも心理専門職が勤務している。少年院では個別的処遇計画を立て、一人ひとりに合った矯正教育が行われる。少年院は少年に罰を与えたり、懲らしめたりする施設ではなく、少年の健全育成を目指して教育を施す施設である。

児童相談所や児童自立支援施設もまた、非行少年にかかわる施設である。家庭環境に大きな問題があったり、年少少年だったりする場合は、これらの施設に送致される。

成人の場合は、拘置所、刑務所において処遇される。拘置所は主として被疑者、被告人を収容する施設であり、刑務所は受刑者を収容する施設である。拘置所の心理職は、未決（刑確定前）の被収容者にはかかわることがないが、刑が確定し、受刑者の身分になった途端に、その仕事が始まる。つまり、これから刑務所で受刑生活を送る新受刑者の面接を行う。

†拘置所の心理職

犯罪心理学の現場での私の仕事は、少年鑑別所と拘置所での仕事が中心であった。そこでは、面接、知能検査、心理検査等によって対象者の心身の問題を把握した上で、移送すべき施設を決定し、処遇方針を策定する。

刑務所は現在、全国で七〇余りあるが、それぞれに収容すべき受刑者のタイプが決められている。男子刑務所と女子刑務所は別であるし、初犯と累犯も別々である。そのほか、無期などの長期刑を執行する施設、若年受刑者を収容する施設、開放的処遇を行う施設、障害のある受刑者を収容する施設などがある。

また、新法になって刑務所での治療プログラムが開始されたと述べたが、これを法律では「特別改善指導」と呼ぶ。現在、性犯罪、薬物犯罪、飲酒運転などの再犯防止プログラムのほか、暴力団離脱指導や、殺人などの重大な罪を犯した者への教育プログラムなどがある。施設によってどのプログラムを実施しているかは異なるので、移送施設決定に当たっては、それも考慮する必要がある。

このような作業は、簡単なようでいてなかなか難しい。例えば、男子刑務所に送致するか女子刑務所かといった区分すら最近は簡単ではない。いわゆる「ニューハーフ」の受刑者がいれば、どちらに送致するかは悩ましい問題である。性転換手術をしているかどうか、外見はどちらの性に見えるか、本人の体格や体力はどうか、心理的な問題はどうかなど、検討する課題はたくさんある。

女子刑務所の職員はほとんどが女性であるため、元男性を送致した場合、女性職員が体力的に劣るようであれば、本人が暴れると太刀打ちできない可能性もある。一昔前であれば、戸籍上の性のまま機械的に送致すればよかったが、性別違和（性同一性障害）への社会的な認識が深まるにつれて、それでは済まされない状況にある。

また、東京拘置所の場合、ここで刑が確定する新規受刑者は全国のおよそ半数を占めるが、東京都内に刑務所は二施設しかない。ということは、彼らを日本各地に移送する必要

がある。飛行機や新幹線などの公共交通機関での移送が適しているか否かを判断すること
も、重要な仕事である。

毎日のように多数の受刑者が飛行機や鉄道で移送されているが、移送途中に脱走したとか、事件を起こしたというニュースを聞いたことがあるだろうか。いささか自慢めいて恐縮だが、このような事件が皆無なのは、心理学の専門家が適切に受刑者を選別しているからであるし、何よりも護送に当たる刑務官の着実な任務の執行ゆえのことである。

ところで、受刑者に人気があるのは、北海道の刑務所である。北海道の刑務所では冬は暖房が入るし、現地で採れた新鮮な食材が利用できるから食事も美味しい。また、「仮釈放が早い」などという根拠のない噂も広まっている。もちろん、これは事実ではない。

受刑者と面接をしていると、場馴れした累犯の受刑者から「先生、私はこれまで関東、関西、九州の刑務所で務めてきたので、次は北海道でお願いします」などとリクエストされることが少なくない。もちろん、本人の希望で移送先施設を決めるわけにはいかないので、そのたびに、「ここは旅行代理店ではない」と一喝するのである。

第三章　犯罪心理学の進展

†犯罪生物学と生来性犯罪人説

犯罪心理学の教科書を見れば、最初に名前の出てくる学者は、一九世紀末に活躍したイタリアの医師ロンブローゾ（Cesare Lombroso）である。彼は数多くの犯罪者の心身の特徴を調べ、犯罪との関連を見出そうとした。中でも、処刑された犯罪者を解剖し、頭蓋骨を子細に測定するなどして、その身体的特徴を記述した。その結果、彼は犯罪者には普通の人間とは異なる一定の特徴があると述べ、例えばとがった耳、くぼんだ眼窩などがその特徴であるとした。

さらに、こうした特徴は隔世遺伝による先祖返りであるとし、犯罪者はより原始的な人間の特徴を有していると考えた。そして、彼らは生まれながらの犯罪者であると結論し、

「生来性犯罪人説」を唱えた。

ロンブローゾの立場を犯罪生物学と呼ぶが、このような考え方は当時から大きな批判を受けた。実際、彼の測定方法には問題点が多く、その知見はいずれも間違っている。犯罪者にとがった耳の持ち主が多いということはないし、頭蓋骨の形にも大きな違いはない。

ロンブローゾへの批判もあって、その後の犯罪心理学や犯罪学は、生物学的なアプローチをタブー視し、心理・社会的な要因を重視する方向へと傾いていく。

†フロイトの犯罪理論

精神分析の始祖であるフロイト（Sigmund Freud）は、犯罪における無意識の働きを重視した。フロイト理論によれば、小さな子供にも性欲があり、三歳から六歳ころになれば、男の子は母親、女の子は父親に性的な願望を持つようになるという。

しかし、そうした欲望は同性の親と対立するものであり、争いとなったり罰を受けたりする可能性があるため、男の子の場合は自分の性器を父親に切られてしまうという不安（去勢不安）を抱き、自らの欲望を抑圧するようになる。これがエディプス・コンプレックス（女子の場合は、エレクトラ・コンプレックス）である。そして、異性の親をあきらめ、今度は同性の親へと自らを同一視するようになり、親から受けたしつけやルールを自分の中に取り込んでいく。これが良心の源であり、超自我と名付けた。

またフロイトは、人間には生来、相反する二種類の本能があると考え、それをエロスとタナトスと名付けた。前者は生の本能であり、後者は死の本能である。主に犯罪と関連するのは、タナトスである。タナトスは人をだましたり、傷付けたり、あるいは物を破壊したりするような行動の源泉である。

フロイトは、人間であれば、誰でもエロスとタナトスを有しているが、自我や超自我がそれらを統制すると考えた。つまり、本能が快楽原則に従うのに対し、自我は現実原則に従って働くと説明した。快楽原則とは、自らの快楽を何よりも重視し、それを満たすことを最優先にして行動する傾向のことをいう。一方現実原則とは、現実的な状況を勘案し、快楽と現実の要請を調整しながら、行動するような傾向のことを指す。したがって、自我や超自我の力が弱く、危険なタナトスの命令を上手に統制し切れない者は、犯罪者になるのだという。

フロイト理論は依然としてわが国では大人気であるものの、そのほとんどは、現代の心理学では過去の遺物となりつつある。それは、それらがきわめて思弁的で、科学的な心理学の検証には耐えることができないからである。そして、数多くの科学的研究の積み重ねによって、現在その理論の大半は否定されている。

†スキナーと学習理論

心理学に最も多大な貢献をした心理学者として、アメリカでたびたび第一位にランクされるのが、行動主義心理学の祖スキナー（Burrhus Skinner）である。スキナーはネズミやハトを対象に、迷路やスキナー箱という実験的装置を用いて、その理論を発展させていった。

例えば、レバーを押すと餌が出てくる箱にネズミを入れる。ネズミは最初、箱の中で好き勝手な動きをするが、たまたまレバーに触れたときに餌が出てくる。それを何度か繰り返すうちに、「レバーを押すと餌が出る」ということを学び、レバーを押す回数が増加していく。

このような行動変容の過程をスキナーは、「学習」と呼んだ。そして、行動の直後に望ましい結果がもたらされれば（これを「強化」という）、その行動の頻度が増すという原則を見出し、それを「強化の原理」と呼んだ。逆に、ある行動の後に望ましくない結果がもたらされれば（これを「罰」という）、その行動の頻度は低下する。

この「レバー押し行動」を分析すると、図3-1のような要素に分かれる。レバー押しという行動は、何もないところから突然生じるのではない。まず、レバーを見るという視覚刺激によって開始される。このため、「刺激によって支配された行動」と言える。そもそもの刺激がないと始まらないからである。

さらに、餌という望ましい結果（強化）によって、その頻度が左右されるので、結果によっても支配された行動と言える。このように、ある一つの行動は、刺激による支配、結果による支配という二重の影響の下にある。

これらの原理は、人間の行動にも当てはまる。空腹を覚えたので、目についたレストランに入ったとする。このとき、このレストランに入るという行動は、空腹感という刺激やレストランが目についたという視覚的刺激によって開始される。そして、そこで食事をした結果、美味しかったらまたそのレストランに行く頻度は上がるだろうし（強化）、不味かったら、もう行かないだろう（罰）（図3-2）。

これを犯罪行動に当てはめて考えると、入った店で欲しい物が目に入り（先行刺激）、それを万引きして（行動）、首尾よく成功したとする（結果）（図3-3）。この結果（価値ある物の入手、満足感）は強化となるから、ますます万引きという行動に赴きやすくなる。しかし、ときには目ぼしいものが手に入らなかったり、事件が発覚して逮捕されたりすることもある。これは罰になる。

だとすると、泥棒は一回捕まったら、それに懲りて盗みをやめるのだろうか。もちろん、そのような者もいるだろう。しかし、強化と罰が異なる点は、強化は非常にその威力が大きいのに対し、罰の効果は一時的であるという点である。

したがって、捕まった後しばらくは盗みを控えるかもしれないが、時間がたてば、罰のことは忘れ、強化のことばかりを思い出して、また盗みを繰り返すようになってしまう。さらに、強化はほぼ毎回生じるが、罰はたまにしか生じない。特に、逮捕などという強力な罰はそう頻繁に生じるものではない。このような意味でも罰の効果は小さい。

†認知の働き

人間はネズミやハトと比べてはるかに複雑な生物である。単純に刺激に振り回されたり、強化や罰の影響だけで動いたりするのではない。同じ経験をしても、物事のとらえ方、判断などは大きく異なっているため、その影響は単純ではない。

例えば、日頃から敵対している隣町の中学生に出くわし（先行刺激）、彼らと殴り合いのケンカ（行動）をしたとしよう。強化の原理に従えば、相手を殴って屈服させることができると（結果）、その体験は強化となり、暴力が助長されるだろう。相手から金品を奪い取ることができれば、それも強化となるだろう。

しかし、そもそも暴力を振るうことが嫌だという者は、隣町の中学生と遭遇してもケン

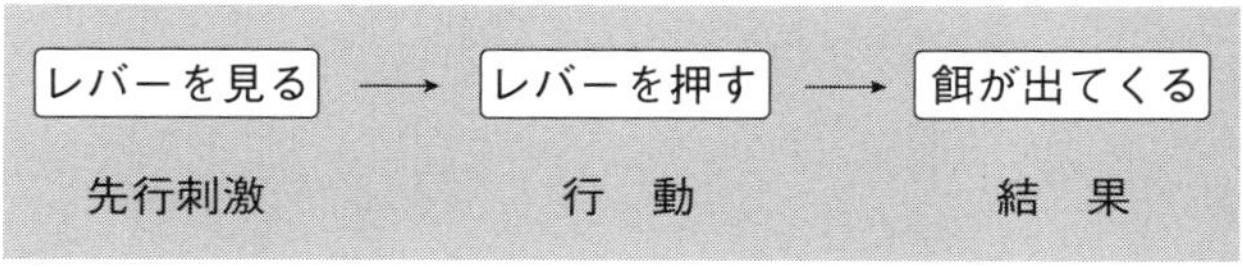

図3-1　レバー押し行動

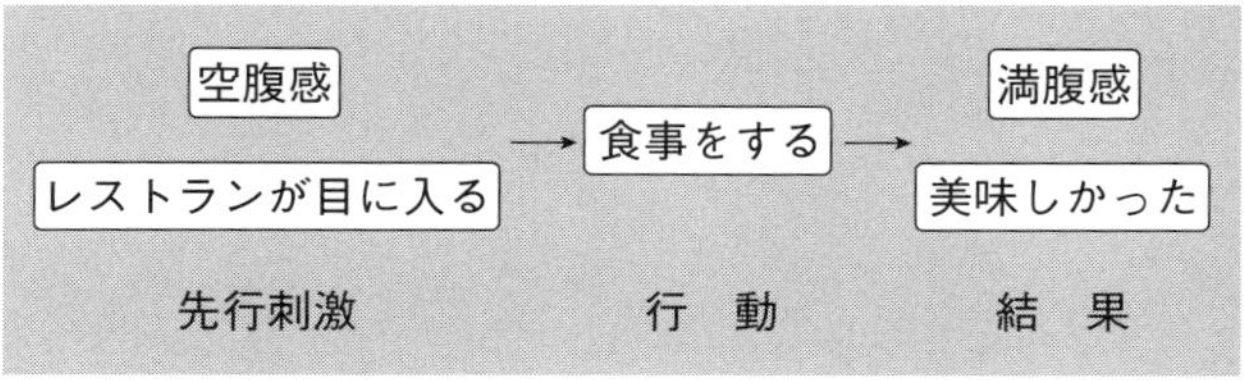

図3-2　食事行動

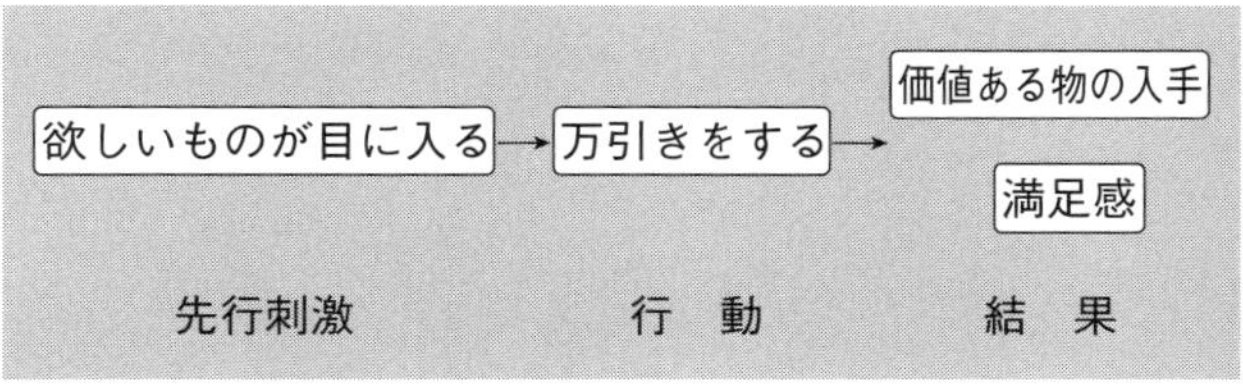

図3-3　犯罪行動

カには至らないかもしれない。また、ケンカになったとしても相手の痛がる顔を見たり、泣いて謝る姿を見て、相手に同情したり、自分の行動に大きな嫌悪感を抱く者もいるだろう。

別の例を挙げると、道に財布が落ちていたのを見たとき、「ラッキー」と思ってそれを自分の物にする人もいれば、「落とした人は困っているだろうな」と思って、それを交番に届ける人もいる。あるいは、ふと魔が差して自分の物にしても、後々罪悪感が高まり、思い直して交番に届ける人もいる。

このように、人間は同じ場面に接して同じ刺激を受けても、そのときの判断や場面のとらえ方などは人によって様々であり、それに伴って行動も変わってくる。また、その行動から生じる結果のとらえ方や意味合いも、人によって様々である。

このような物事の受け止め方を総称して、心理学では「認知」と呼んでいる。外からの刺激に対して、機械的に反応するハトやネズミとは違って、人間はその場の状況を判断し、解釈して、それに従って行動する（図3-4）。

認知の働きを普段自分で意識することはほとんどないが、認知はわれわれの行動を決定する上できわめて重要である。

認知の重要性は、犯罪行動にとっても同じである。犯罪に至りやすい者は、反社会的な認知傾向を有している。先の例のように、人を殴ることに爽快感や達成感を覚えたり、道端に落ちている財布を見て「ラッキー」だと思ったりするのは、反社会的な認知である。

ほかにも例を挙げれば、暴力を肯定する認知、見つからなければ悪いことをしてもよいという認知、これらはいずれも反社会的認知である。

一方、どんな場合でも暴力を振るってはいけないという認知、決して法律を破ってはいけないという認知は、向社会的認知と呼ばれ、こうした認知傾向を有していれば、その人が犯罪に赴くことはない。

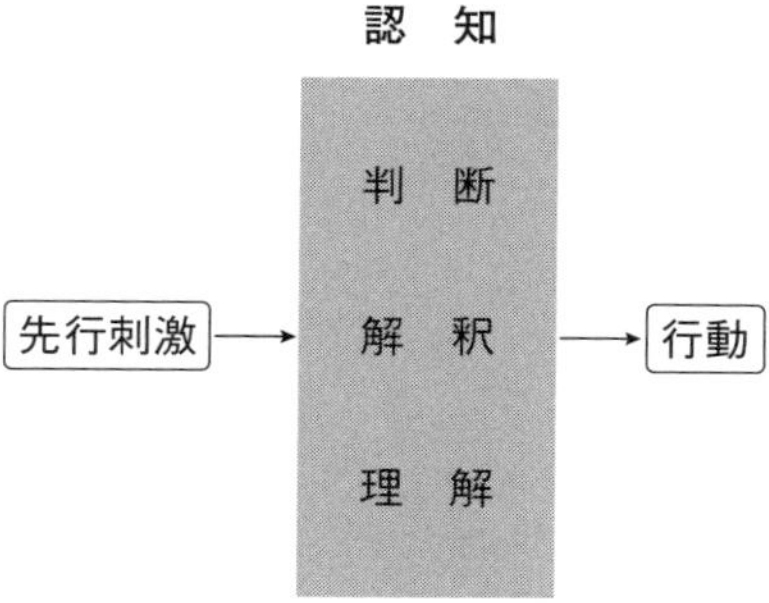

図3-4　認知の働き

†社会学習理論

それでは、人間はどのようにして、このような認知傾向を身に付けるのだろうか。現在では、それも様々な学習の成果であると考えられている。タナトスという悪の本能があらかじめ備わっているのではない。

最もシンプルな学習は、先述の強化と罰による学習である。小さいときに、きょうだいや友達と仲良くしていれば褒められる(強化)が、暴力を振るえば叱られる(罰)。家庭でも学校でも、愛他的な行動やルールを守った行動は強化され、そうでない行動は罰を受ける。このようなしつけを受けた子供は、次第にしてはいけないことと、望ましい行動を学習していく。これはフロイトの言葉でいえば超自我の形成であるが、親への性愛やエディプス・コンプレックスとは関係ない。

しかし強化や罰だけでは説明できない。なぜわれわれは人を殺さないのだろうか。それはかつて人を殺して罰を受けたからだろうか。もちろん、誰もそんな経験はないだろう。しかし、直接の経験がなくても、人を傷付けてはいけない、人を殺してはいけないという規範はわれわれの中に深く刻み込まれている。

これを説明する概念の一つは「般化《はんか》」である。過去の経験で何かの学習がなされると、それがルールとして一般化され、類似の他のケースにも幅広く応用されるようになる。このような学習のプロセスを般化と呼ぶ。

兄が妹を叩いて叱られたとすると、子供は「妹を叩いてはいけない」ということだけを学習するのではなく、つねってもいけないし、ナイフで刺してもいけないということを理解する。また、妹だけでなく隣の家の子も、クラスの友達も、そして人間一般に対しても、同じようなことをしてはいけないということを学ぶ。これが般化である。

また、別の概念として、社会的学習というプロセスも非常に重要である。アメリカの心理学者バンデューラ（Albert Bandura）は、大人のモデルがぬいぐるみを殴り付ける様子を子供に見せ、その後、子供たちをぬいぐるみがある部屋に置いた。すると、その子供たちはモデルの行動を真似て、ぬいぐるみを殴り付ける粗暴行動を見せるようになった。

このような観察学習のプロセスを社会的学習と呼び、模倣ともモデリングとも呼ばれることがある。つまり、自分の直接的経験から学ぶのではなく、他人の行動を観察することによって、その行動を真似て身に付けるのである。

社会的学習は日常の至るところで生じている。テレビや映画を見て、その行動を真似るようになるのも社会的学習であるし、教科書で習ったことを身に付けて実践するようになるのもそうである。そして、何より親の行動がモデルとなる場合が一番多いだろう。

このように、子供が成長する過程で、毎日の一瞬一瞬が社会的学習の機会であると言える。親や周囲が暴力に肯定的であったり、悪いモデルになっていたりすると、子供はいつのまにか反社会的な認知や行動様式を身に付けるようになる。

†犯罪社会学

このような犯罪行動における環境の影響を強調する心理学的理論と呼応して、戦後のアメリカでは犯罪に対する社会的な影響を重視する一連の犯罪理論が数多く生み出された。

マートン（Robert Merton）は、下層階級の人々は、合法的な手段では富や成功を手に入れることができないと感じ、人生の目標とその達成手段との間に一種の緊張関係が生じると考えた。このようなとき彼らは、非合法な手段を取る、つまり犯罪に至るのだという。社会的な緊張が犯罪の原因であるととらえたため、彼の理論は「緊張理論」と呼ばれる。

また、サザーランド（Edwin Sutherland）は、そのような非合法的手段、すなわち犯罪の手口は、身の回りの仲間との関係を通して学習されると主張した。ここで着目されるのは、下層階級のサブカルチャーである。彼らの社会は、社会のメインストリームの人々とは「分化」しており、その閉じた関係の中で、反社会的な価値観や行動様式が学習されていくと考えた。この理論を「分化的接触理論」と呼ぶ。

これら社会学的な犯罪理論の特徴は、犯罪の原因をもっぱら社会の不平等、貧困、差別などに求めるところにある。したがって、犯罪を抑止するためには、何よりも社会の変革、不平等の解消が重要であると説く。

貧困や差別の解消は、もちろん重要な社会的課題である。このことに異を唱える者はいないだろう。しかし、貧困や差別がもっぱら犯罪の原因であると強調し、単純化する理論は、いろいろな意味で問題がある。

まず、あまりにもこれらの要因を強調しすぎると、貧しい者や差別されている者は犯罪に至りやすいという偏見、そして新たな差別を生んでしまう。貧しい者や差別された者が誰でも犯罪に至るわけではないし、犯罪とは無関係に善良な市民として生活をしている者のほうがはるかに多い。

そして、これらの理論では貧しくても犯罪とは無縁な大多数の人々のことが説明できず、結局は犯罪の説明になっていない。

犯罪社会学的理論の影響は、現代でも非常に大きい。現代社会のわれわれは、知らず知らずのうちにこれらの理論の影響を受け、何か犯罪が起きると半ば自動的に「社会のひずみ」などと言って、社会問題化してとらえようとする。とりわけ、マスコミにはこのような傾向が顕著である。

第一章で例に挙げた秋葉原事件の際にも、「格差社会の影響」「未来を奪われた若者の叫び」などという社会学的要因を強調する論調が目立った。もちろん、人間は社会的動物であるし、犯罪自体きわめて社会的な現象であるから、社会的要因にばかり目が行くことは自然なことなのかもしれない。

しかし、何度も言うように、過度な単純化は危険である。格差社会が原因ならば、何百万人もの人々が、日本のあちこちで社会に復讐を企てているはずである。無差別殺人とまではいかなくても、派遣労働にあえぐ若者は、社会の至るところで鬱憤をぶちまけて、犯罪に至るはずである。しかし、圧倒的大多数の人はそうしない。それはなぜだろうか。

†社会的統制理論

アメリカの犯罪学者ハーシ（Travis Hirschi）は、それまでの犯罪理論が「人はなぜ犯罪を行うのか」という問いを立てていたのに対し、「多くの人はなぜ犯罪を行わないのか」という問いから出発した。あなたは、これまで犯罪を行わずに生きてきた。そしてこれからもおそらく犯罪を行わない。それはなぜだろうか。格差社会や差別にあえぐ多くの人々が、犯罪に至らないのはなぜだろうか。

また、殺人事件で自分の子供を殺された親が、テレビなどで「犯人をこの手で殺してやりたいくらいだ」などと言っている場面を目にすることがある。しかし、実際には犯人を殺すことはない。

何が彼らを押しとどめるのか。「そんなことをしても亡くなった子供は喜ばない」という思いかもしれないし、「そんなことをすれば残された家族に迷惑をかける」、「仕事も失ってしまう」という考えも浮かぶだろう。そして何より、「自分には人を殺すことなどできない」という気持ちが大きいだろう。

ハーシは、これらを社会的絆と呼び、犯罪を抑制するものだと考えた。社会的絆には四種類が考えられ、それは愛着、投資、没入、信念である。

最初の絆は愛着である。われわれは、何か悪いことが頭をかすめたときに、「こんなことをすれば親や友人はどう思うだろうか」、「学校や会社をクビになる」などと考える。そして、その行動を思いとどまる。それは、こうした人々への愛着があるからであり、それを失いたくないからである。

第二の絆は投資である。これは、株式や企業に投資するという狭い意味での投資ではなく、自分自身や自分の将来への投資という意味である。自分を磨くために勉強に励んだり、資格取得を目指したりしている人、体を鍛えたり、技能の習得に励んでいる人、こうした人々は、自らを高めようという努力を続けているわけだから、犯罪のように自分を貶《おとし》める行動をするはずがない。

第三は、没入である。投資と似ているが、何かに打ち込んでいる人は、犯罪とは無縁だということである。学校や仕事、家事や育児などで忙しくしていれば、そもそも犯罪を計画し、実行するような無駄な時間はない。犯罪者に無職が多いのはニュース報道でもわかるが、学校にも行っておらず、仕事をしていないということは、愛着、投資、没入のいずれの絆をも欠いていることになる。

第四は、信念である。「私は犯罪を行うような人間ではない」「法やルールを守ることは大切だ」などという信念を抱いている人は、犯罪には至らない。

二〇一二年から一三年にかけて、「黒子のバスケ事件」という事件が起きた。人気マンガ『黒子のバスケ』の作者の関係先に、複数の脅迫状や毒物が送り付けられた事件である。逮捕された男は作者とは何の接点もなかったが、自らの現状と社会的な成功を収めた作者とを比較し、八つ当たり的に犯行に及んだ。

この事件が大きな注目を集めたのは、男が自らを「無敵の人」と呼び、「人間関係も社会的な地位もなく、失うものが何もないから罪を犯すことに心理的抵抗のない人間」と分析した点である。まさに、ハーシの言う社会的絆を欠いた人物であったと言うことができる。

†人間行動の複雑性

さて、ここまで概観した犯罪理論のうち、ロンブローゾの犯罪生物学、フロイトの犯罪理論、犯罪社会学的理論などは、いわば「過去の犯罪心理学」である。もちろん、これらすべてが過去の遺物で、現代の犯罪心理学において役に立たないというわけではない。今でも犯罪理解に役立つ知見を与えてくれる場面も多い。

しかしその一方で、これらの理論はいずれも、犯罪という多面的な行動を単純化しすぎているという批判を免れることはできない。フロイト理論は、過去のトラウマや親子関係などの心理的・環境的要因を強調しすぎているし、犯罪社会学的理論は、社会の不平等や緊張、貧困や差別などの社会・環境的要因に犯罪の原因を求めすぎている。

また、ロンブローゾ理論への反発や反省から、犯罪心理学では犯罪における生物学的な要因の探究がタブー視される傾向があった。しかし、人間は社会的存在であるとともに、「生物」でもあるのだから、遺伝や生物学的な要因にも着目しなければ、不完全な犯罪理解で終わってしまう。

さらに、ネガティブな方向に作用する要因にばかり注目するのもまた、単純化した見方であって、当然のことながらポジティブな方向に作用する要因もあるはずである。本人の持って生まれた傾向や恵まれない環境要因が、本人を犯罪に駆り立てるかもしれないが、それとは逆に犯罪から遠ざけてくれるような要因もあるはずである。前者を危険因子と呼ぶのに対し、後者を保護因子と呼ぶ。

保護因子の研究はまだ十分には行われていないが、高い知能、温かい家庭環境、遵法的な仲間などが保護因子として考えられている。ハーシが挙げた社会的絆も保護因子である。

さらに重要な点は、これらの関係は単純な足し算、引き算ではないということである。

例えば、自己統制力欠如は、犯罪の危険因子としてよく研究されている要因の一つである。自己統制力とは、自分の欲求や感情をコントロールする力のことである。われわれが何かが欲しいからと言って他人の物を取ったり、腹が立ったからといって他人を殴ったりしないのは、自己統制力の働きによるところが大きい。

この自己統制力は、しつけや教育によって身に付けられると考えられてきたが、最近では遺伝の影響も大きいことがわかっている。つまり、ある種の遺伝的負因を持つ子供は、自己統制力が弱くなるということである。特に、その遺伝的負因としては、脳の高次機能を司る部位の構造や機能の欠陥など、神経心理学的な要因が考えられている。

しかし、ことはそう単純ではない。その遺伝的負因は、恵まれた環境で育った場合は、影響力を発揮しにくいということもわかっている。逆に、不適切なしつけを受けた場合にのみ、影響が現れる。つまり、遺伝子単独でも、しつけという環境要因単独でも影響は限られているが、この双方が合わさったとき、その相互作用で自己統制力を阻害するということである。

これは犯罪傾向だけでなく、様々な人間の特質にも当てはまる。このように、本人が生まれ持った生物学的脆弱性《ぜいじゃくせい》に、環境からのストレス要因が作用してある種の傾向が発現するというメカニズムは、ストレス脆弱性モデルと呼ばれる。

これらの諸要因の複雑な働きをまとめて模式的に表したのが、図3-5である。われわれの行動は、犯罪に限らずどのような種類の行動であっても、まず遺伝的な要因、持って生まれた生得的な要因の影響を受ける。しかし、同じ生物学的基盤を有していても、環境からの影響によってそれがどの程度発現するかは異なってくる。

また、生物学的脆弱性を持っている者は、環境からのネガティブな影響を受けやすいという場合もある。同じ環境の中にあっても、生物学的な素地によって、その影響の度合いが異なってくる。

つまり、犯罪傾向とは、遺伝や器質、体質などの生物学的要因、しつけ、友人関係、社会、文化などの環境要因の相互作用によって形成されたものである。そしてそれぞれの要因には、犯罪傾向に対して促進的に働くもの（危険因子）と抑制的に働くもの（保護因子）があって複雑に絡み合っている。

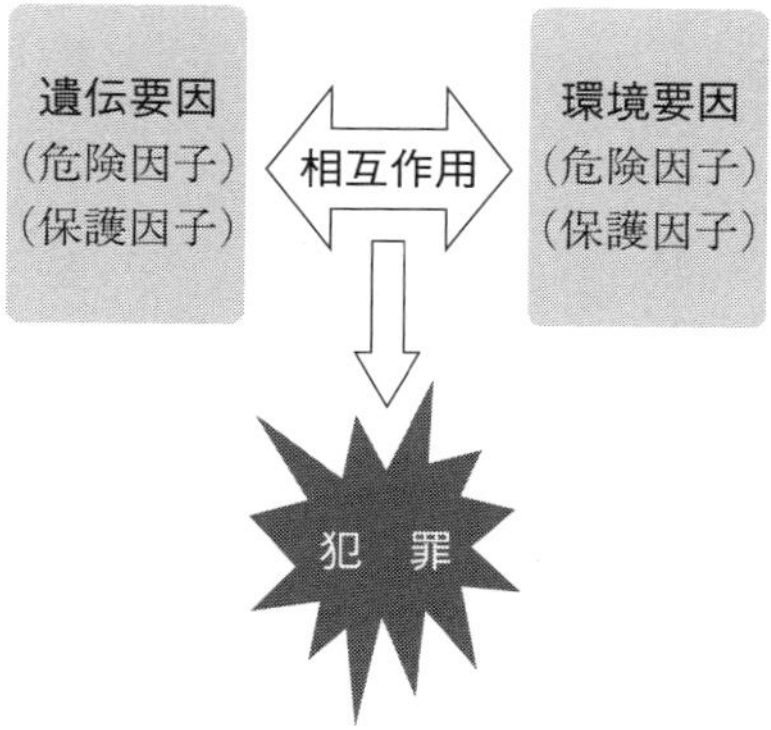

図3-5　犯罪に関連する要因

†新しい犯罪心理学

かつて、精神分析理論や社会学的犯罪理論が犯罪心理学の主流であったころ、犯罪心理学は、犯罪の抑制に何の効果もないと言われていたし、実際そのとおりであった。なぜなら、こうした古い犯罪研究は、科学的データよりも「理論先にありき」で、理論に合致するデータのみを拾い集め、それ以外のものを無視してしまう傾向が強かったからである。したがって、犯罪を偏った視点から単純化してとらえすぎる結果にもつながっていた。

しかし、犯罪心理学の発展は、一九八〇年代以降目覚ましいものがあり、かつての姿とはまったく様相を異にしていると言っても過言ではない。まさに、「新しい犯罪心理学」の時代が到来したと言える。

新しい犯罪心理学は、理論よりもまず、科学的な研究データに基づいている点が特徴である。膨大なデータの蓄積を元にしながら、そこから仮説を導き、新たな方法やアプローチを駆使し、その上で新たな理論を打ち立てたり、過去の誤った知識を修正する。そして、それによって、犯罪の理解や予防を可能とし、真に社会の役に立つ科学たることを目指している。

科学的な研究においては、開かれた態度が最も重要である。たとえ、広く信じられた理論とは矛盾する結果が得られたとしても、たとえ、長年タブー視されてきた結果が得られたとしても、科学はそれを退けない。

つまり、科学的データに基づいて、従来の理論に誤りが見出されたとすれば、権威を恐れずにそれを主張するし、犯罪における生物学的・遺伝的影響が明らかになれば、タブーを恐れずに主張する。

このような開かれた態度によって、犯罪とは、かつて考えられていたほど単純なものではなく、実に多様な要因の影響を複雑に受けた事象であることが明らかになりつつある。

さらに、犯罪に影響を与える要因が明らかになるにつれて、犯罪の予測をしたり、犯罪を防止したりする科学的なアプローチも現実のものとなりつつある。つまり、かつての役立たない犯罪心理学から、犯罪の抑制に貢献できる犯罪心理学へと変貌を遂げつつある。

†わが国の現状

ところが、残念なことに、これは主として北米や西欧諸国の話であって、わが国の心理学は旧態依然としたままである。臨床心理学者である下山晴彦は、「日本の臨床心理学は、心理臨床学という独自の世界に閉じており、世界に開かれた状態とはいえませんでした。少なくとも世界の臨床心理学の最前線の動向が届いていませんでした。たとえば、英文の臨床心理学の専門誌の情報は、日本の臨床心理学ではほとんど共有されていません。ある意味で鎖国状態にあったといえます」と述べ、その現状を憂えているが、それは犯罪心理学とて例外ではない。

日本の心理学の教科書を見れば、とうの昔に否定されているカビの生えたような理論について延々と解説がなされており、その内容は私が大学生のときとほとんど変わっていない。これでは学生がかわいそうだ。

具体的な一例を挙げれば、インクのシミで性格診断をするというロールシャッハテストは、今でもわが国で大きな人気のある心理検査であり、日本の臨床心理士を養成する大学院であれば必ず教えている。

しかし、私が留学したアメリカの大学院ではまったく教えていなかった。これは、その大学院が特殊なのではない。なぜなら、ロールシャッハテストは性格診断には役に立たないということが、一九七〇年代以降多くの研究で実証されており、それを支持するデータが次々と蓄積されているからだ。しかし、日本の大学や大学院では、ロールシャッハテストをはじめとする多くの間違った理論や技法が、いまだに教科書に記載され続けており、気の毒なことに学生はそれを教え込まれている。

私はこのような状況を指して、常々「日本の臨床心理学はガラパゴス」であると言っている。それは、大昔のものが延々と生き続けていることに加え、箱庭療法や様々な種類の描画テストなど、世界には類を見ない奇妙な理論や技法が独自の「進化」を遂げて、わがもの顔で跋扈《ばっこ》しているからである。

†エビデンスに基づく犯罪対策

私が留学生活を送っていたころ、医療の分野では大きな変革が起こっていた。それは、一九九〇年代初頭から始まった「エビデンスに基づく医療」(Evidence-Based Medicine: EBM) というパラダイム転換である。

実のところ、それまでは治療法の選択や薬の処方など、医療上の意思決定が、長年の定説や思い込み、医師の直観や好みなどに基づいてなされる場合が少なくなかった。しかし、そのような主観的で不確かなものを拠り所とするのではなく、最新最善の科学的研究から得られたエビデンスを、患者の背景を十分に考慮した上で、医療上の意思決定に用いることの重要性が強調されるようになった。これをエビデンスに基づく医療(ＥＢＭ)と呼ぶ。

二〇〇七年にイギリスの権威ある医学雑誌に発表された「医学の神話」という論文は、われわれだけでなく専門家でも信じていた七つの「神話」を挙げ、それらには実は明確な根拠がなく、科学的な研究の結果「真実」ではないことがわかったと解説している。それらの「神話」には、「われわれは脳の一〇％しか使っていない」「暗い所で本を読むと目が悪くなる」「病院で携帯電話を使用するのは危険である」などが含まれる。本書の冒頭に挙げた「犯罪心理学における神話」もこの論文に触発されてまとめたものである。

これらは、比較的軽微な事例であるが、もっと深刻なケースもある。例えば、一九七〇年代から八〇年代にかけて、心筋梗塞後の患者には、抗不整脈剤を投与することで死亡率が下がると考えられて実践されていた。不整脈は心臓突然死のリスクを高めると信じ込まれていたからである。

しかし、八〇年代後半に大規模な臨床試験が実施され、その結果、抗不整脈剤を投与した場合、死亡率が約二・五倍も上昇するというショッキングな事実が明らかになった。不適切な抗不整脈剤の使用によって、何万人もの患者が亡くなったと推定されている。

もっと身近な例としては、昭和の頃はスポーツと言えば、「巨人の星」に代表されるように、熱血指導が盛んであった。漫画のようにうさぎ跳びが奨励される一方で、筋トレは動きを鈍くすると言って否定されていた。また、練習中は水を飲んではいけない、投手は肩を冷やしてはいけないなどということも当たり前のように言われていた。そして、スポーツにおいて何よりも大事なものは「根性」であった。

今、こんなことを言っているスポーツ指導者はいないだろう。それはなぜか。時代が変わったからだろうか。もちろん、それもあるかもしれないが、何よりデータの積み重ねによって、これらの指導が医学的に間違っていたことがわかったからである。

このように、EBMがわれわれに投げかけたことは、人間はどんな専門家であっても、人間である以上、間違いを犯すというシンプルな事実である。そして、長い間の思い込みや習慣によって正しいと信じ込まれていたことが、最近になって修正を迫られているのである。つまり、謙虚に科学的なデータを集積し、得られた証拠《エビデンス》を判断の拠り所にすることが大切なのである。

これは、犯罪心理学の実践においても同様である。犯罪予防、犯罪者の診断や治療、犯罪捜査など、犯罪心理学の実践場面において、長年の習慣や思い込み、自分の直観や好みなどに基づいた意思決定をしていたら、しばしば間違いを犯す。

テレビドラマでは、ベテラン刑事の勘が事件解決に結び付くことがあるかもしれないが、現実ではそうはいかない。やはり、どんな専門家であっても、どんなに経験豊富であっても、「人間は間違いを犯すものだ」という事実に立ち返り、謙虚に科学的エビデンスに頼って意思決定をすべきである。これがエビデンスに基づく犯罪対策である。

†刑事の勘が生んだ冤罪

ベテラン刑事の直観と聞いて思い出すのは、ある有名な冤罪事件についてである。一九九七年に東京電力の幹部社員であった当時三九歳の女性の遺体が、渋谷のホテル街にほど近いアパートの一室で発見された。いわゆる、「東電OL殺人事件」である。昼はエリート社員であった女性が、夜は渋谷の裏町に立ち、売春をしていたという事実も発覚し、当時世間を賑わせた事件である。

犯人とされ、逮捕されたのは「客」として、被害者と何度か性的関係を持っていたネパール人男性であった。彼は当初から無罪を主張していたが、裁判では無期懲役が言い渡された。しかし、一五年間拘禁された後、再審決定がなされ、二〇一二年東京高等裁判所が無罪を言い渡した。

このときの新聞記事を読むと、事件を担当した当時の警視庁捜査一課長が、このようなことを述べていた。「長年の勘で、こいつがホシ（犯人）に違いないと思った」（朝日新聞二〇一二年六月八日付朝刊）。

捜査の勘、これは捜査官が経験を積む中で築き上げてきた知恵の集大成であろう。確かにそれによって犯人逮捕に結び付いたということも少なからずあったかもしれない。しかし、その知恵がいかに頼りにならず、時として取り返しのつかない大きな誤りを犯してしまうか、この事件が大きく物語っている。

このような悲劇を繰り返さないために、そして効果的な犯罪対策のために、エビデンスに基づいた新しい犯罪対策を推進していくことが必要である。

次の第四章から第六章では、新しい犯罪心理学の動向を解説し、第七章で再びエビデンスに基づく犯罪対策の重要性と今後の方向性について述べたい。

第四章　新しい犯罪心理学

さて、本章ではいよいよ「新しい犯罪心理学」が、犯罪行動をどのようにとらえ、それが犯罪の予防や治療にどのように生かされるのかについてお話ししたい。

†犯罪における認知のはたらき

第三章で説明したが、ここでもう一度簡単にまとめると、現代の犯罪心理学では犯罪行動を次のように理解する。つまり、まず何らかの先行刺激が個人にインプットされる。それが、本人が有している認知という「ブラックボックス」の中を通る。そのブラックボックスは、持って生まれた遺伝的・器質的な要因、家庭・友人・社会からの影響である環境要因などの相互作用によって形成されたパーソナリティや価値観の影響を受けたものである。そして、アウトプットとしての犯罪行動に出る（図3-4、九三ページ）。

このプロセスの中で、一番重要かつ複雑なのは、認知やパーソナリティなどの働きである。この成り立ちや働きは非常に複雑で理解しにくいものであるため、犯罪報道やテレビのコメンテーターは、しばしばあっさりとそれを省略して犯罪を伝えてしまう。

つまり、「親の育て方が悪かった」「酒に酔っていた」「格差社会が原因だ」などと、犯罪の原因をわかりやすい少数のものに単純化してしまう。そのほうが理解しやすいし、はっきりとわかる原因のせいにしてしまうと、不可解な犯罪を理解できたような気分になり、不安を和らげることができるからだ。

しかし、それでは犯罪行動を正確に理解することはできない。この「ブラックボックス」の中身こそが、犯罪理解において最も重要だからだ。

犯罪行動に至りやすいブラックボックスの特徴として、認知に関しては「反社会的認知」、パーソナリティに関しては「反社会的パーソナリティ」が挙げられる。前者を特徴付けるのは、犯罪を肯定する価値観や態度、物事を犯罪に結び付けてとらえやすい判断傾向、認知のゆがみなどが挙げられる。後者の特徴としては、共感性の乏しさ、冷酷さ、刺激希求性、衝動性、攻撃性、責任感欠如などがある。

同じ状況に遭っても、犯罪行動に至るかどうかは、反社会的な「ブラックボックス」を持っているかにかかっている。そのような「ブラックボックス」を有していない者は、無施錠の窓を見ても「空き巣のチャンスだ」とは思わず、「不用心だな」と思って通り過ぎるだろう。嫌いな相手に嫌味を言われても、聞き流すか、せいぜい口喧嘩になってお終いで、暴力沙汰にはならないだろう。「ブラックボックス」の違いによって、アウトプットとしての行動も違ってくるわけである。

†認知のゆがみが招いた殺人

私の記憶に残っている犯罪として、「バカじゃないの殺人」というものがある。これは私が勝手に命名したものであるが、ある殺人犯と面接していたときに、その動機を聞いて驚いたとともに、言いようのない虚しさを感じ、今でも強烈に記憶に残っている事件である。

この犯人は、居酒屋で酒を飲んでいたのだが、隣のテーブルにサラリーマンのグループがいた。そして、だいぶ酒が回って騒がしくなってきたその中の一人が、仲間に対して「バカじゃないの」と大声で言った。ここまでは、よくある酒席のワンシーンである。

しかし、それを耳にした犯人は、自分のことを言われていると勝手に思い込んで激昂し、「バカとはなんだ」と言って、その酔っ払いに食ってかかり、挙げ句の果てに持っていたナイフで刺し殺してしまった。

何とも理不尽な殺人としか言いようがない。「バカじゃないの」などという言葉は、日常的に、しかもアルコールが入った親しい仲間内の場面ではよく使う言葉である。犯人は、被害者と目が合ったので、自分に言われていると思ったと述べていたが、そもそも無関係の他人にいきなり「バカじゃないの」などと言う者はいない。

しかし、これは一般的な人間の認知であり、認知が非常にゆがんでいる者が世の中には一定数いるのだ。そうした者は、物事を何でも被害的に受け取ったり、他愛のない他者の言動を深読みしたり、とにかく通常では考えられないとらえ方をする。そして、彼が激昂しやすかったり、他者を傷付けることに抵抗感を抱かないパーソナリティの持ち主であったりした場合、犯罪が発生してしまう。

「バカじゃないの」という耳から入ってきた刺激が、普通の人であれば聞き流したり、笑ったりしてお終いであっても、反社会的パーソナリティや反社会的認知という「ブラックボックス」を通れば、殺人という行動に帰結してしまう。

†犯罪心理学の研究方法

このように、犯罪行動を分析すると、単純な刺激や社会的要因だけでなく、目に見えないパーソナリティや認知、そしてそれらの形成に影響を与えた複数の要因など、実に多種多様な要因が複雑に関連し合っていることがわかる。さらには、これも目に見えないが、遺伝の影響もある。

科学的な心理学においては、どのような方法で犯罪に関連する要因を正確に見きわめるのだろうか。

一番基本的な研究方法は、犯罪者の集団と一般の人々の集団を集め、その両者を比較してそこに有意な差が見出されるかどうかを調べる方法である。例えば、「知能が異なるのではないか」との仮説を立てたなら、両グループに知能検査を行って知能指数の平均を求め、それを比較すればよい。その際、どちらのグループの知能指数が高かった、低かったという単純な比較では不十分である。それは単に誤差であるかもしれないからだ。

本当に意味のある差なのかどうかを判定するには、統計的検定を行って「有意差」があるか否かを判断する。その結果、もしも「犯罪者のほうが、一般人に比べて有意に知能が低い（または高い）」ことがわかれば、知能は犯罪に関連すると言ってよいことになる。実際、このような研究の結果、知能と犯罪には関連がないことが実証されている。

こうした方法は、医学研究ではよく用いられている。われわれは、心筋梗塞や高血圧などの生活習慣病には、コレステロール、喫煙、運動不足など複数の要因が関連していることを知っている。これは今日では当たり前の知識であるが、それは長年の研究のおかげである。

つまり、生活習慣病になった人と健康な人では何が違うのかという研究テーマの下、両者の食習慣、喫煙歴、運動習慣などを比較し、導き出されたものが上に挙げたような諸要因である。これらは、生活習慣病のリスクを高めるものであるから、危険因子（リスクファクター）と呼ばれる。そして、このような研究は疫学研究と呼ばれる。

犯罪心理学研究においても、ある要因が犯罪行動のリスクを高めるものであることがわかれば、それらを犯罪の危険因子と呼ぶ。犯罪行動の疫学研究によって見出された犯罪の危険因子についての詳細は、この後で説明する。

†メタアナリシス

こうした疫学研究は重要であるが、たった一つの研究から結論を導き出すことは危険である。対象となった人々が偏っているかもしれないし、研究者のほうが偏っている可能性だってある。研究からは、こうした偏り（バイアス）をできる限り排除する必要がある。

研究知見をより信頼に足るものとするために考慮された方法の一つに、メタアナリシスという手法がある。これはこれまで類似のテーマで行われた複数の研究結果を統合して、あたかも一つの大規模な研究であるようにまとめるための統計的方法である。メタアナリシスは、ＥＢＭの発展を加速させた最も重要な研究法の一つである。

カナダの犯罪心理学者アンドリュースとボンタ（D.A. Andrews & James Bonta）は、犯罪の危険因子に関するメタアナリシスを行い、犯罪と深い関連のある八つの危険因子を導き出した。それは別の言い方をすれば、犯罪者と一般人を分けるものである。

†効果量

危険因子に関してもう一つ重要な点は、それがどれほど大きな影響力を有するかということである。生活習慣病の例で言えば、食生活と喫煙とではどちらがより影響の度合いが大きいのだろうか。言い換えれば、より危険なのだろうか。

危険因子の影響の大きさは、数値で表すことができ、それを効果量と呼ぶ。それぞれの危険因子が生活習慣病に及ぼす影響、つまり「効果」の大きさを表す数値というわけだ。

効果量の計算方法はたくさんあるが、一番わかりやすいものを説明すると、次のようになる。生活習慣病の人々の喫煙率が七〇％（〇・七）で、健康な人々の喫煙率が四〇％（〇・四）だったとする。この場合、喫煙という危険因子の効果量は、両者の差を取って〇・七－〇・四＝〇・三となる。つまり、グループ間の喫煙率の差が効果量になる。

効果量の概念は、極端な例を考えると理解しやすい。仮に、どちらのグループも喫煙率が四〇％であれば、〇・四−〇・四＝〇で効果量はゼロとなる。つまり、どちらの群においても喫煙率に差はなかったのであるから、この場合は生活習慣病に関連がないと結論できる。

一方、生活習慣病グループの喫煙率が一〇〇％で、健康なグループが〇％であれば、効果量は一・〇である。効果量は理論上一・〇を超えることがないので、これは最大の効果である。両グループの差が一〇〇％と〇％で両極端なのだから、当然である。

このように、両グループ間の喫煙率の差が大きければ大きいほど、効果量は大きくなる。つまり、喫煙が生活習慣病と関連する度合いが大きくなるわけである。

効果量は〇から一の間の数値を取るが、一般的に心理学などの社会科学では〇・一程度の効果量を「小さな効果」、〇・二−〇・四までの効果量を「中程度の効果」、それ以上を「大きな効果」と呼ぶ。

†犯罪の危険因子

前置きが長くなったが、アンドリュースとボンタのメタアナリシスによって見出された犯罪に大きな関連のある八つの危険因子を紹介しよう。括弧の中の数字は、効果量である。

それらは、過去の犯罪歴（〇・二五）、反社会的交友関係（〇・二八）、反社会的認知（〇・

表4-1　犯罪の危険因子（セントラルエイト）

危険因子	効果量	概　要
犯罪歴	0.25	発達早期から多種多様な反社会的行動を行っている。
反社会的交友関係	0.28	反社会的傾向を有する者との交友がある。
反社会的認知	0.27	中和の技術、犯罪的他者への同一化、慣習の拒絶、敵意帰属バイアスなど反社会的な価値観、態度、認識を有している。
反社会的パーソナリティ	0.25	共感性欠如、冷酷性、残忍性、自己中心性、遅延価値割引傾向、自己統制力欠如などの傾向を有している。
家庭内の問題	0.18	家庭内に葛藤がある。家族関係が不良である。しつけ不足。
教育・職業上の問題	0.18	教育・職業上の成績が不良である。怠休、無職の状態にある。学校や職場での対人関係に問題がある。
物質使用	0.18	アルコール、違法薬物を使用している。
余暇活用	0.21	建設的な余暇活動を行っていない。

出典）Andrews & Bonta（2010）*The Psychology of Criminal Conduct*

二七）、反社会的パーソナリティ（〇・二五）、家庭内の問題（〇・一八）、教育・職業上の問題（〇・一八）、物質使用（〇・一八）、余暇活用（〇・二一）である。

このうち、犯罪歴、反社会的交友関係、反社会的認知、反社会的パーソナリティは、特に効果量が大きいので、「ビッグフォー」と呼ばれている。そして、残りの四つを加えて、犯罪に関連する中心的な八つの危険因子ということで「セントラルエイト」と呼ぶ。

つまり、これらが具体的なブラックボックスの中身である。各危険因子の概要を表4-1にまとめた。

†犯罪の危険因子ではないもの

これに対し、低い社会階層（〇・〇五）、精神的苦悩・精神障害（〇・〇三）、知能（〇・〇六）などは、これまでしばしば犯罪と関連があると考えられてきたが、これを見るとそれははっきりと否定できる。

ここで一つの疑問が生じるかもしれない。例えば、秋葉原事件は、格差社会による貧困が招いたのではないか。ほかにも、貧困や差別が原因で犯罪に至った者も多いではないか、という疑問である。確かに、そういうケースは少なくないだろう。しかし、何度も繰り返し述べているように、このような理解は、犯罪行動を単純化しすぎている。

加藤のケースで言えば、格差社会が原因というよりも、格差社会に対する彼の認知やパーソナリティが犯罪を招いたと言うほうが正しい理解である。

格差社会の中にあって、彼は社会に敵意や被害者意識を抱き、仕返しをしたいという考えに至った。そのためには周囲に迷惑をかけて「飛ぶ」ことは当然と考えていた。こうした彼独自の認知、パーソナリティ、価値観などが彼を犯罪に向かわせたのである。

また、ネット上で居場所がなくなったということを凶行の原因として取り上げているメディアもたくさんあった。しかし、こうしたこともまた、犯罪の原因にはならない。ネット上で無視されたり悪口を言われたりしたら、多少腹は立つだろうが、普通はログアウトしてコンピュータのスイッチを切ればそれで終わりである。

一方、彼の認知、パーソナリティではそれは耐え難い仕打ちであり、自分の存在基盤を揺るがすような、絶対に許すことのできない事件であった。このことは、彼の手記でも克明に述べられている。

加藤と同じように格差社会にあえいでいる人々は、残念ながらたくさんいる。しかし、その圧倒的大多数は、歩行者天国にトラックで突っ込んだりしないどころか、いかなる犯罪をも行わない。つまり、同じ格差社会の犠牲者でも、犯罪を行った加藤智大と犯罪を行わない大多数の人々とは明確に異なっている。それを分けるものは、自らの環境に対する受け止め方や犯罪に対する態度、本人の反社会的なパーソナリティ傾向などなのである。

ただし、ここで注意してほしい点は、だからといって格差社会を放置してよい、貧困を解決しなくてよいと言っているわけではない。また、加藤の犯罪には格差社会の問題は関係がないので、彼の性格や価値観だけを問題にすればよいというのでもない。そもそも格差社会にあえいでいなければ、彼は犯罪に至ることはなかったかもしれない。

別の例を挙げよう。私が痴漢などの性犯罪を行った人々の治療を行っていると、彼らは「ストレスがあったので、痴漢をした」「仕事のストレスで露出をしてしまった」などということをしばしば口にする。

これを聞くと、世の男性は「冗談じゃない。俺だって仕事のストレスは山ほどあるが、痴漢なんかしない」と怒るだろう。実際、ストレスがない人間などこの世にはいないので、ストレスが痴漢の原因だとすると、世の男性は皆、痴漢や露出をすることになってしまう。

しかし、彼らが嘘を言っているわけではない。確かにストレスが引き金を引いてしまった、つまり先行刺激となって犯罪行動に及んだことは間違いがない。とはいえ、世の中の大多数の人は、ストレスがあっても痴漢はしない。つまりこの場合、痴漢をするかしないかを分けるものは、ストレスそのものではなく、ストレスや痴漢行為に対する認知である。

具体的に言うと、「痴漢をするとストレスが解消できるだろう」「痴漢をしても見付からなければよいのだ」「女性のほうも嫌がっていないだろう」などという認知をしていれば、痴漢に至りやすくなる。

それとは逆に、一般の人々の頭の中には、そもそも痴漢などという選択肢はないし、「痴漢はいけないことだ」「そのような下劣な行為は自分はやらない」などという認知を有している。このように、痴漢という犯罪を受け入れる「反社会的認知」「反社会的パーソナリティ」という危険因子の有無が重要なのである。

さらに、過去に痴漢経験があれば、そのときに得られた快感や、ストレスを解消できたという経験が、痴漢行為を強化するため、その後も同じような状況になれば痴漢行為に赴きやすくなってしまう。これが「過去の犯罪歴」という危険因子である。

また、同じ犯罪行為をする仲間がいたとき、それも強力な危険因子となる。自分はやめようと思っていても、誘われて断り切れなかったり、その気になったりするからである。これが「反社会的交友関係」という危険因子である。

もう一つ危険因子の意味について注意すべきことがある。危険因子というのは、確率的にリスクを増やす要因という意味である。犯罪の危険因子を有していれば、必ず犯罪に至るというわけではない。

それでは、一つひとつの危険因子について、もう少し詳しく説明しよう。

†過去の犯罪歴

最初は、犯罪歴である。残念ながら、過去に犯罪を行ったことがある人は、まったく犯罪とは無縁であった人よりも、将来も犯罪を行う傾向が大きい。

このようなことを言うと、偏見を助長するからやめろという批判を受けそうであるが、科学的な研究の結果、これは厳然たる事実である。

もちろん、犯罪の前歴のある人がすべて危険だというのではない。犯罪の危険因子はこれだけではないのだから、他の危険因子との組み合わせで考える必要がある。

例えば、刑務所に入って、これまでの自分の考え方を改めて、出直そうと考えた人は、交友関係を見直すだろうし、真っ当な仕事にも就くだろう。だとすると、ほかの危険因子

（認知、パーソナリティ、交友、職業）が変化したので、前歴はあったとしても犯罪の危険は間違いなく低くなっている。

したがって、一律に「前歴があれば危険である」と見なすことは間違いである。このことはいくら強調してもしすぎることはない。

前歴があると、なぜ犯罪リスクが高まるのだろうか。それは前にも述べたように、過去の経験が犯罪行動を強化するからである。犯罪行動によって、大きな利益を得たり、よい体験ができたりすると、それらが行動を強化するので、将来再び同様の犯罪に至る可能性が大きくなる。

また、生涯継続型犯罪者であれば、幼少の頃からたくさんの問題行動や非行、犯罪を繰り返しているはずである。そこには遺伝など生得的な問題が想定されることも指摘した。このような強い犯罪傾向を有している者が、今後も犯罪に至る可能性は大きい。

さらに、過去の犯罪が原因で、職場を解雇されたり、家族と疎遠になったりする場合もあれば、暴力団などの犯罪組織に加わる場合もある。とすると、過去の犯罪歴がその他の危険因子を呼び込んだことになり、それもまたさらに犯罪リスクを高めることにつながる。

†パーソナリティ

次は反社会的パーソナリティであるが、それを説明する前にまず、パーソナリティとは何かを考えてみたい。

パーソナリティについて説明するだけで、心理学の本の一冊や二冊が書けてしまうので、ここでは、あまり深い概念には立ち入らず、パーソナリティを「その人の情緒、思考、行動などの比較的安定した傾向」と定義しよう。

われわれはよく、「あの人は明るい人だ」「彼は小さいことをくよくよ考えすぎる」「彼女は思い立ったらすぐ行動するタイプだ」などと、周囲の人々のパーソナリティを評することがある。これらは、それぞれ情緒、思考、行動のパターンを述べている。

とはいえ、情緒、思考、行動は複雑に絡み合っているので、明確にこれは情緒、これは思考などと線引きすることは難しい。「明るい」というのは情緒を指す言葉であるが、それは「いつもニコニコと笑っている」「周りの人によく話しかけている」という行動とも結び付いている。

「快活」「社交的」「神経質」「温和」など、パーソナリティを指す言葉はたくさんあり、これらの言葉をわれわれは日常的によく使っているが、このようにパーソナリティの要素となるものを「特性」と呼ぶ。

人間のパーソナリティは、単に一つ二つの特性で表されるほど単純なものではなく、多くの特性があたかも星座のように組み合わさって構成されている。

また、パーソナリティは一つのシステムであると見ることもできる。すなわち、それぞれの特性は静的なものではなく、これもまた星座をなす星のように、お互いに引きつけ合い、反発し合って、動的な均衡を保っている。

パーソナリティの概念で重要な点は、それは比較的安定した持続的なものだということである。明るい人というのは、いつもニコニコ快活であるからそう評されているのであるが、その人も仕事でミスをして落ち込むこともある。だったら、その人のパーソナリティが「暗い人」に変わるかというとそういうわけではない。そのときどきで人間の情緒、思考、行動は変動するが、パーソナリティ自体は比較的一貫している。

パーソナリティの成り立ちもまた複雑である。まず、遺伝や気質などの生得的な要因によって影響を受ける特性がある。それらはその人のパーソナリティの基盤となる。一方、親のしつけ、友達関係、経験など、環境によって影響を受けるものもある。

親が社交的であれば、その子も社交的なのはよくあることだが、それは親からの遺伝の影響だけとは言い切れない。社交的な親であれば、小さいときから子供をいろいろな所に連れて行き、様々な人に会わせているだろうから、そうした環境や経験が影響していると も考えられる。

このように、パーソナリティは、生得的なものと環境的なものとの複雑な相互作用によって形成される。

†反社会的パーソナリティ：情緒的特性

それでは犯罪に関連する「反社会的パーソナリティ」とは、どのようなものであろうか。それは、様々なパーソナリティ特性のうち、犯罪者に共通し、犯罪とは無縁の人々にはあまり見られないものを寄せ集めた暗い星座のようなものである。これまで、様々な犯罪心理学者が、その星座を構成する特性を探究してきた。

まず、情緒的な特性として重要なのが、共感性欠如である。人を殴ったら痛いだろう、大事な物を盗まれたらつらいだろう、などとわれわれは他者の気持ちに立って物事を考えることができる。これはわれわれに共感性が備わっているからである。

われわれが犯罪を行わないのは、法律に反しているとか、犯罪は割に合わないというような論理的な理由もあるだろうが、やはり「悪いことをするのは嫌だ」、「気分が悪い」という情緒的な理由が大きい。だから、誰も見ていなくても物を盗んだりしないし、喜んで人を殴ったりもしない。テレビで殺人事件のニュースを見ると、直接自分に関係がなくても、つらく悲しい気分になるのも共感性があるからだ。

このように、共感性は、人間を人間たらしめる上で、とても重要な特性である。美達大和《みたつやまと》は、自らも二件の殺人事件を起こし、無期懲役に処せられて現在も受刑中の受刑者であるが、彼は長期刑務所での体験を『人を殺すとはどういうことか』という書物にまとめている。その中には、彼の観察による殺人犯のプロフィールが数多く紹介されている。例えば、彼自身が殺人を犯した際の体験を思い出し、以下のように記している。

被害者が倒れ、私の顔を見上げて救いを求める声を出す度に、口からごぼっごぼっと出血する光景がはっきりと想い出されます。その時の私には、何の感情の起伏もなく、じっと相手を見下ろしていたのです。

また、空き巣に入った家で家人に見とがめられ、いわゆる居直り強盗と化して、相手を殺してしまった前科四犯の受刑者Aについて、美達は次のように描写している。

自分で盗みに入っておきながら、居合わせた被害者に対して、「あんな所にいるからだ」「大体、向こうが声を出すからだ」「あいつさえいなきゃ、俺もこんな刑（重い刑）にならなくて済んだんだ」と毒づき、私も同じ受刑者ながら愕然とすることがよくあります。（中略）今日もAは与えられた作業に対して適当に手を抜きつつ、必要最低限度だけをこなして、テレビを見てはゲラゲラ笑って無為徒食の日々を過ごしています。

前科五犯、そのうち二回が酒による殺人だという受刑者Cについては、

Cは人を刺すのは肉の固りを刺すのと同じと言いますが、物理的にはその通りだとしても心理的に特殊な感情や思いはないのでしょうか。「特にないなあ。手に伝わってくる感触？　いやあ、もうかっかしてるしなあ……」

最初に私は「殺人をするような人間は、われわれとはどこか違う」と述べたが、その顕著なものの一つがこの共感性の欠如である。われわれ人間が当たり前のように有している感情が、著しく欠如しているのである。したがって、反省しろと言われても、反省できない。そのような「能力」が欠如しているからだ。罪悪感の欠如と言い換えてもいいだろう。

ほかに反社会的パーソナリティを形作る情緒的特性としては、冷酷性、残忍性などが挙げられる。

†反社会的パーソナリティ：思考的特性

次に思考面での特性を見てみよう。最初に挙げられるのは、自己中心性である。これは共感性とも関連するが、「他人のことなどどうでもよい、自分のことだけが一番大事」と考える思考スタイルである。

美達の著書からまた例を引くと、小学生を強姦した挙げ句、殺害し、無期懲役となった前科三犯のFは、「人の為」という感情がなく、いつも自分のことしか考えていないと評されている。

Fは、よく工場（引用者注：刑務所の中で作業している工場という意味）の担当職員や夜勤の職員に苦情を言いますが、内容があまりにも低次元で自分勝手なので、相手にされません。例えば、部屋のコップが少し古いと、誰も気にもしていないのに「新しくしてくれ」と言い、何の異常もないお茶を入れるポットを交換しろと言い、できないと回答されても尋常でない執念で喰い下がります。

こうした経験は私にもたくさんある。拘置所で勤務していた際は、「虫が出たから部屋を変えてくれ」「食事の量が少ない」「好きなテレビ番組を見たい」「こんな暑いのになぜここにはクーラーがないのだ」など、まるで子供のような自己中心性にあきれてしまうことが日常茶飯事であった。

このFの場合も、強姦殺人という重大な犯罪で受刑している姿とはとても思えない。自分は、他人の権利を侵害したり、人間としての尊厳や生命を奪ったりしているにもかかわらず、自分のことになると、ほんの些細なことでも我慢がならないのである。

†遅延価値割引

さらに、犯罪者によく見られる思考特性として、遅延価値割引傾向というものが挙げられる。われわれは、何かの行動を取るとき、その行動の結果について、目の前の短期的なことと、将来の長期的なことをそれぞれ考え、プラス／マイナスを比較考量した上で、やるかやらないかを決定する。

例えば、嫌な仕事が終わって酒を飲みに行ったが、明日もまた朝早くから面倒な仕事があったとする。今の気分としては「浴びるほどに飲んで憂さ晴らしをしたい」と思うかもしれないが、明日のことを考えて、「朝寝坊したり、二日酔いになったりしたら困る」と思って、酒の量を控える。

このように、われわれが様々な視点から自分の行動のプラスやマイナスを比較考量していることを分析する学問を行動経済学と呼び、近年注目を集めている分野である。イスラエル生まれの心理学者カーネマン（Daniel Kahneman）は、その創始者であり、二〇〇二年にノーベル経済学賞を受賞した。

カーネマンは、人間の思考には二つのシステムがあり、それを速い思考であるシステム1と遅い思考であるシステム2と呼んだ。システム1は、自動的に働くもので、通常われわれはこの思考に頼っている。しかし、困難な状況や抽象的思考が必要な場面になると、システム2が働く。

カーネマンによると、システム1は効率性が特徴であるが、衝動的で、目先の満足を貪欲に求めるという傾向があり、間違いを犯しやすいという欠陥がある。その間違いを正し、衝動をコントロールするのがシステム2の役割である。

心理学の有名な実験に「マシュマロ・テスト」というのがある。子供に今もらえる一個のマシュマロと、一五分待てばもらえる二個のマシュマロのどちらがよいかを選択させる。その結果、前者を選んだ子供は、のちに非行や薬物依存に至る割合が多く、後者の子供は、知的水準が高く、社会的に成功する割合が多かったという。

この実験で比較したのは、目の前にある小さい価値に飛びつくのか、少し我慢してより大きな価値を得るのかという傾向の違いである。単純に価値の大きさだけを比較すると、一個より二個のほうが大きいことは言うまでもない。しかし、大きな価値を得るためには、待たなければいけない。目の前の小さな価値に飛びついてしまうのは、システム1の働きであり、価値の大きさを比較して待つことを選ぶのはシステム2の働きである。

ほかにも、「今遊びたいが、我慢して将来のために受験勉強をする」「腹が立ったので相手を殴りたいが、捕まりたくないのでその場から立ち去る」「酒を飲みたいが、車で来たのでウーロン茶で我慢する」。これらはいずれも、システム2の働きによる思考である。

逆に「将来のことを考えず、遊びたいときに遊ぶ」「腹が立ったら後先のことを考えずに相手を殴る」「車で来たとしても、酒を飲みたいときには飲む」。これがシステム1の思考とそれに基づく行動パターンである。

カーネマンによれば、システム1が前面に出やすい者は、衝動的に目の前にある価値を求める。じっくり考えることが苦手で、感情のコントロールも苦手である。一方、システム2の働きが際立っている者は、衝動を抑え、合理的に考えてより大きな価値を求めようとする。

別の言い方をすれば、システム1が前面に出やすい者は、長期的な価値、遅れてやってくる価値の大きさを割り引いて小さく見積もる傾向があると言え、このような特性を遅延価値割引傾向と呼ぶ。

犯罪者には、言うまでもなくシステム1の働きが目立ち、遅延価値割引傾向が大きい者が多い。簡単に言えば、「将来のことはどうでもよい」という思考形式のことである。それを端的に物語るエピソードは、刑務所の中では事欠かない。

例えば、受刑者の中には定期的に健康診断を受けていたり、バランスのよい食生活を送ったりしている者はほとんどいないため、生活習慣病の罹患率が非常に高い。虫歯を放置している者も驚くほど多い。

貯金をしたり、保険に入っている者も少ない。そもそも生活設計や人生プランというものがない。先のことを考えるということができないのである。それができるのであれば、そもそも犯罪などという割に合わないことはやらない。

また、ニュースなどで、殺人犯が被害者の遺体や凶器を人目につきそうな場所に遺棄していることを知り、不思議に思ったことはないだろうか。周到な計画や後始末をするのは、犯罪小説の中だけの話であり、現実の殺人犯は、そんなことはしない。見付からないと安易に考えて、事件に及ぶのであるし、遺体や凶器を遺棄するのである。

本書冒頭で述べた神戸の女児殺人事件の犯人とされる男が、遺体を家の裏に捨てたのも、遺体と一緒に自分の診察券を捨てたのも、こうした傾向の表れである。「女児といつまでもつながっていたいから」などという「似非心理学的」ストーリーは的外れもいいところだ。

このような思考特性について考慮すれば、死刑や厳罰化による犯罪抑止力についても疑問を抱かざるを得ない。「重い罰が科せられることを考えて、犯罪を思いとどまる」というのは、一般的な人の思考特性であり、これを犯罪者にも当てはめるのは間違っている。

†反社会的パーソナリティ：行動的特性

反社会的パーソナリティを形作る行動面の特性もたくさんある。ハーシは、先述のように、犯罪を抑制するものとして社会的絆による「自己統制力」を重視した。逆に言うと、自己統制力欠如、あるいは衝動性という特性は、反社会的パーソナリティにおいて重要な特性の一つとなる。

例えば、カッとしたときに自分を抑えられず手を出してしまう。何かが欲しいと思ったときに、お金が貯まるまで待てずに万引きをしてしまう。違法薬物の誘惑に負けて、薬に手を出してしまう。これらはみな自己統制力と関連している。

こうした行動傾向は、一つには高次神経機能の欠陥と関連があると言われている。つまり、人間の衝動を抑制する脳の部位に何らかの障害を抱えている可能性が大きいということとだ。

リスクテイキング傾向もまた、反社会的なパーソナリティと関連している。これはわざわざ危険なことを好んでやるような特性であり、日常的に暴力沙汰を起こす、スピード違反などの危険な運転を好んで行う（もちろん、シートベルトは締めない）、危険な薬物を使用する、大金を賭けて無茶なギャンブルをする、などが例として挙げられる。言うまでもなく、これらはいずれも犯罪とも大いに関連する。

†反社会性パーソナリティ障害

DSM－5には、パーソナリティ障害という疾患群がある。文字通り、パーソナリティの障害、つまり著しく偏ったパーソナリティのことを指し、その偏りゆえに生活上大きな苦痛や問題を引き起こしているようなものをいう。

パーソナリティ障害には、三つのカテゴリーがあり、それぞれA群（奇異型）、B群（劇場型）、C群（不安型）と名付けられている。中でも犯罪と関連が大きいのはB群である。

B群には、反社会性パーソナリティ障害、境界性パーソナリティ障害、演技性パーソナリティ障害、自己愛性パーソナリティ障害が含まれる。反社会性パーソナリティ障害の診断基準の抜粋は、表4－2のとおりである。ごく大雑把にいえば、規範の軽視、衝動性、

表4-2　反社会性パーソナリティ障害の診断基準

診断基準
A．他人の権利を無視し侵害する広範な様式で、15歳以降起こっており、以下のうち3つ（またはそれ以上）によって示される。
(1) 法にかなった行動という点で社会的規範に適合しないこと、これは逮捕の原因になる行為を繰り返し行うことで示される。
(2) 虚偽性：これは繰り返し嘘をつくこと、偽名を使うこと、または自分の利益や快楽のために人をだますことによって示される。
(3) 衝動性：または将来の計画を立てられないこと。
(4) いらだたしさおよび攻撃性、これは身体的な喧嘩または暴力を繰り返すことによって示される。
(5) 自分または他人の安全を考えない無謀さ。
(6) 一貫して無責任であること、これは仕事を安定して続けられない、または経済的な義務を果たさない、ということを繰り返すことによって示される。
(7) 良心の呵責の欠如：これは他人を傷つけたり、いじめたり、または他人のものを盗んだりしたことに無関心であったり、それを正当化したりすることによって示される。
B．その人は少なくとも18歳以上である。
C．15歳以前に発症した素行症の証拠がある。
D．反社会的な行為が起こるのは、統合失調症や双極性障害の経過中のみではない。

出典）アメリカ精神医学会（2014）『DSM－5　精神疾患の分類と診断の手引』

浅薄な情緒性、他者操作的傾向などが含まれる。

境界性パーソナリティ障害は、自己概念や感情のぶれが極端に大きいのが特徴で、自殺企図などの衝動的行動に出やすい。演技性パーソナリティ障害は、過剰な行動や感情表現によって、自己への関心を引き付けようとするタイプである。そして、自己愛性パーソナリティ障害は、いわゆるナルシストのことであり、自分が特別な存在であると思い込み、尊大で他者軽視の行動を取りやすい。

このように、これらはいずれ

も周囲を巻き込んで問題を起こすことが多いため、犯罪との関連が大きい。中でも、その名のとおり反社会性パーソナリティ障害は、犯罪と最も親和性が高く、どの社会にも人口の約三％は存在すると言われている。

ビッグフォーの反社会的パーソナリティと、ＤＳＭの反社会性パーソナリティ障害は、必ずしもぴったり重なる概念ではなく、どちらかと言えば前者のほうが広い概念である。つまり、犯罪と関連のあるパーソナリティ傾向を総称して「反社会的パーソナリティ」と呼び、その中にはＤＳＭの疾患概念である反社会性パーソナリティ障害や次に述べるサイコパスなどが含まれる（図4－1）。

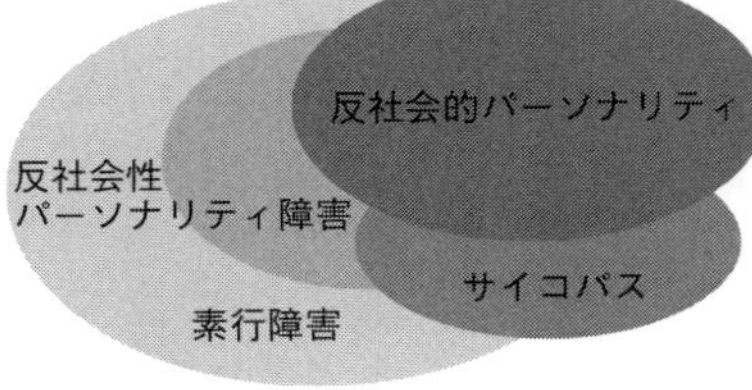

図4－1　反社会的パーソナリティの概念

†サイコパス

サイコパスも反社会性パーソナリティ障害と同様、犯罪に親和しやすいパーソナリティのことであるが、映画や小説では猟奇的犯罪者などとして描かれることが多い。ヒッチコックの映画で「サイコ」という往年の名作があるが、自らの経営するモーテルで、宿泊客の女性をメッタ刺しにし、死体を車ごと湖に捨てる猟奇殺人者の物語である。また、「羊たちの沈黙」のレクター博士を思い浮かべる人もいるだろう。

しかし、専門的な意味でのサイコパスとは、漠然と異常犯罪者を指すような概念ではなく、明確な定義がある。アメリカの犯罪学者ヘア（Robert Hare）は、以下のような四種類の特徴を持つパーソナリティをサイコパスと呼んだ。

第一は、対人関係に関する特性で、軽薄さ、病的に嘘をつく傾向、無責任さ、性的放縦さ、短期的な婚姻関係などを含む。第二は、情緒面に関する特性で、残酷さ、共感性欠如、感情の浅薄さなどが含まれる。第三は、ライフスタイルに関するもので、現実的かつ長期的目標の欠如、衝動性、刺激希求性など。そして第四は、反社会性に関するもので、少年時の非行、反社会的行動の多様さなどである。

ヘアは、サイコパスを診断するために、「サイコパス・チェックリスト」という質問紙を開発した。最新版のサイコパス・チェックリストには、二〇の項目があり、そのスコアによってサイコパスかどうかを診断する。

このように、サイコパスは非常に複雑かつ多面的な概念であるが、先に述べた反社会性パーソナリティ障害と重なる部分もあれば、重ならない部分もある。ＤＳＭの概念である反社会性パーソナリティ障害が、行動面の反社会性を重視するのに対し、サイコパスは、どちらかと言うと情緒面を重視するためである。

サイコパスは良心の呵責《かしやく》などを一切感じずに、ヘアによれば「感謝祭のディナーで七面鳥を切るときに感じるわくわくした気持ちで、被害者を拷問したり切り刻んだりする」。そして、人を殺した後も、蚊を殺したときと同じように、ほとんど気持ちが動かない。

なぜこのような情緒の欠落が起こるのか。ヘアは「まず家庭環境に目を向けることになるのだが、そこには答えはほとんどない」と断言する。もちろん、家庭環境に恵まれないサイコパスもいるが、物質的にも情緒的にも温かい家庭で育ったサイコパスも多い。

サイコパスに共通するのは、通常の人間が有している正常な生理学的反応が、生得的に欠如しているという点である。われわれは恐怖を感じると、心拍が高まり、血圧が上昇する。消化器系の動きは抑制され、食欲もなくなる。しかし、サイコパスにはこのような生理学的反応が見られない。

人を殺しても眉一つ動かさないのも、猛スピードで高速道路を飛ばしても平気なのも、そのような情緒を生起させるような身体的システム自体がないか、壊れているためであると考えられている。

ここで注意すべきは、サイコパスのすべてが連続殺人鬼や猟奇的殺人者ではないということである。サイコパスはどの社会にも一定数存在し、その数は人口の一％ほどと考えられている。日本ではもう少し割合は低いが、それでも、数十万人はいる計算になる。

これだけの数の連続殺人鬼がいるのであれば、たちまち世界中の人々は一人残らず殺されてしまい、世界の人口はゼロになってしまうだろう。つまり、大半のサイコパスは、殺人までは行わない。その代わり、繰り返し暴力沙汰を起こしたり、交通規範を無視したり、人を騙したりしている。映画や小説に描かれるサイコパスだけがサイコパスなのではない。

また、「成功したサイコパス」と呼ばれる一群の人々も存在する。彼らは、サイコパス・チェックリストでは比較的高いスコアを取るものの、犯罪とは無縁の生活を送っている。具体的に言うと、成功した経営者、芸能人、芸術家、学者、医師、軍人、スポーツ選手などにはこのタイプが少なくないと言われている。

つまり、人好きのする魅力、冷たい判断力や感情性、他者操作性などは、サイコパスの特徴であると同時に、これらの分野で成功するために必要な特性でもあるからだ。彼らは、サイコパスとしての特徴を備えてはいるが、高い知能、特殊な才能や専門性ゆえに、犯罪に及ばなくてもほしいものを手に入れることができたり、身勝手さや冷淡さが許容されたりする環境にいるため、犯罪とは無縁の生活を送ることができている。

†反社会的認知

認知という概念は抽象的であるがゆえに、わかったようでわかりにくい。また、パーソナリティとの区別もつきにくい。実際、この二つの概念はよく似ているし、重なっている部分も大きい。認知というのは、これまで述べてきたように、物事の見方・とらえ方を指す概念であり、判断、価値観、認識、態度、信念などを含む。

反社会的認知とは、犯罪を許容したり、むしろそれを望ましいものとして接近したりする認知のことである。

アンドリュースとボンタは、反社会的認知を以下の三種類に分けて考察している。

1 中和の技術 - 反社会的な合理化・言い訳
2 犯罪的他者への同一化 - 犯罪者としての自己認知
3 慣習の拒絶 - 規範無視

中和の技術というのは、サイクスとマッツァ（Gresham Sykes & David Matza）が一九五〇年代に提唱した概念であるが、簡単に言えば、言い訳のことである。犯罪者と言えども、善悪の違いくらいは理解しており、自分の行いが悪いことだとはわかっている。そのため、犯罪を行うとき、頭の中で何らかの言い訳をして、自分の行為を正当化するのである。

先に挙げた居直り強盗殺人Aの例で、彼が「(被害者が)あんな所にいるからだ」「大体、向こうが声を出すからだ」と自分の殺人行為を被害者のせいにしていたのも、彼なりの中和の技術である。

ほかにも、「見つからなければよいだろう」「誰だってこれくらいのことはしている」などというのもありふれた中和の技術であるし、ヤクザが「組の掟に従ったまでだ」などと言うのもそうである。

こうしたプロセスは無自覚的になされ、それによって認知がゆがみ、犯罪を当然の行為だとして許容するような認知になってしまうのである。

二つ目は、犯罪的他者への同一化である。われわれは、誰かに憧れて、その行動様式や価値観を自分の中に取り入れることがよくある。バンデューラの言う社会的学習(模倣)である。ヤクザに憧れる者は、その振る舞いを真似るだけでなく、実際に暴力団に入って、その価値観を自分のものとするだろう。そうすると「この世は暴力が物を言う」「自分ははぐれ者だ」などという信念が内面化され、犯罪を許容する態度が身に付いていく。

別に暴力団に入らなくても、「粗暴な振る舞いは男らしいことだ」「相手が言うことを聞かないなら殴っても構わない」「ドラッグはかっこいい」などという価値観を持っていれば、犯罪への敷居が低くなることは言うまでもない。

最後は、慣習の拒絶である。きちんと勉強をする、真面目に仕事をする、社会のルールを守る、周りの人を尊重する、これらは社会生活を送る上で重要な慣習である。こうした型にはまった価値観を嫌い、殊更に拒絶したり、反抗したりすることもまた、犯罪と親和性が高いのは明白である。

このように、信念、価値観、認識というものは、その人の行動を大きく規定する。同じ場面に際しても、人によって行動が異なってくるのは、こうした認知の差であって、犯罪者と一般人を分けるのも、犯罪的な認知を有しているか否かによるところが大きい。

†敵意帰属バイアス

これら三種類の反社会的認知以外にも、犯罪に結び付く認知の例は、数多く存在する。その代表的なものが、敵意帰属バイアスである。敵意帰属バイアスとは、他者の何気ない言動を、自分に対する悪意があるものとして受け取ってしまう認知のゆがみのことをいう。本章の冒頭で紹介した「バカじゃないの殺人」は、その顕著な例である。

この例ほどひどくはないにしても、敵意帰属バイアスを有する者は、日常生活の何気ない対人場面においてネガティブな意識を抱きやすい。例えば、挨拶をしたのに相手から挨拶が返ってこなかったとき、誰しもよい気持ちはしないだろう。しかし、「聞こえなかったのかな」「急いでいたのかな」などと解釈をすれば気持ちも落ち着く。

一方、敵意帰属バイアスが強い場合、「あいつは自分のことを嫌っている」「自分をないがしろにしている」などという解釈をし、相手に敵意を抱くのである。

したがって、このような認知が優勢な者は、何かにつけ他者の意図を悪意あるものとしてとらえ、攻撃的な言動に出たり、落ち込んで抑うつ的になったりする。

†性犯罪者の認知のゆがみ

また、性犯罪者には特有の認知のゆがみがあると指摘されている。例えば、女性に対するゆがんだ認識や信念が犯罪に結び付くことが多い。

私はかつて、痴漢常習者に対する意識調査を刑務所内で行ったことがある。その中で「痴漢をされて女性がじっとしているのは、嫌がっていないからだと思うか」という問いに、「はい」と答えた者の割合は五六%であった。また、「痴漢をされても平気な女性はどれくらいいると思うか」という問いでは、「二割から三割はいる」が一九%、「三割から四割」六%、「五割以上」が六%という回答で、「二割以上」をまとめると三一%であった。

つまり、痴漢常習者の認知として、「痴漢をされても女性がじっとしているのは嫌がっていない証拠」ととらえる者が六割弱、「世の中で痴漢をされても平気な女性は二割以上いる」ととらえる者が三割いるのである。

刑務所での調査であれば、ある程度は自分の回答を意識して、社会的に望ましい答え方をしそうなものであるが、それでもこの結果である。

このような認知のゆがみは、痴漢常習者に限ったことではない。小児性愛者は、子供とセックスをすることは子供への愛情の印であると認識しているし、子供のほうも喜んでいた、子供のほうから誘ってきたなどというゆがんだ認知を有している場合もある。

強姦犯人も、「女性のほうも喜んでいた」「多くの女性は強姦願望を持っている」「夜道を一人で歩いているほうが悪い」などというゆがんだ認知を有している。これらのゆがんだ認知を総称して「レイプ神話」と呼ぶ。

†反社会的交友関係

悪いことをする者には、たいてい同じように悪いことをする仲間がいる。類は友を呼ぶと昔から言われているとおりである。

人間は成長の過程で、周囲の環境から多くのことを学び、身に付けていく。このプロセスを「社会化」と呼ぶ。幼児の頃は、重要な社会化の担い手は、両親であり家族である。

小学校、中学校と進むにつれて、それが友人に変わっていく。家族以外の大人の影響を受けることも多くなる。また幼いころは、家が近い、クラスが同じなど、物理的な近接によって友達となることが多いが、成長に従って自らが友人を選択していくようになる。その結果、行動様式や価値観を同じくする者同士の交友になっていく。

社会化のプロセスは、社会的学習と強化によって進んでいく。親や友人の行動を見て、それを自分も身に付けていくし、相手の価値観や集団の規範に合致する行動を取れば、賞賛され強化される。逆に、それらにふさわしくない行動を取れば、叱責や批判の対象となる。

このような社会化の過程はまた、その人のパーソナリティや認知を形成する上でも重要である。周囲が遵法的で温厚な人々であれば、ルールを守り、相互信頼や尊敬に基づいた対人関係を発展させ、温かく誠実なパーソナリティを発展させやすい。

一方、親との感情的結び付きが欠如していたり、親に反社会的傾向がある場合、本人には愛情に満ちた共感性豊かなパーソナリティや、規範遵守という態度は育ちにくい。

不良仲間との交友は、最も効果量が大きい危険因子の一つである。それは近所の悪ガキ仲間であったり、暴力団やギャングなどの犯罪組織であったりする。その中で、暴力や犯罪を是とし、真面目で遵法的な行動を非とする価値観などを、社会化のプロセスによって身に付けていく。これはサザーランドの分化的接触理論でよく説明できる。

不良交友が犯罪のリスクを高めるもう一つの理由は、ソーシャルプレッシャーや同調などのいわゆる集団心理が働くことが挙げられる。一人ならしないことでも、周囲の圧力を感じたり、集団の中で気が大きくなってやってしまうということがある。

†残り四つの危険因子

次に、セントラルエイトの残り四つの危険因子について概要を簡単に述べよう。残りの危険因子とは、家庭内の問題、教育・職業上の問題、物質使用、余暇活用である。

一つ目は、家庭内の問題である。これは、大きく分けて親子問題とパートナー間の問題がある。非行少年の場合は、言うまでもなく親のしつけや監督の不適切さが、非行と結び付く危険因子となる。しかし、それは単純に環境的な影響とは限らない。不適切なしつけをする親は、粗暴性、衝動性、共感性欠如などの遺伝的リスクを有しているかもしれないからである。ここでも、遺伝要因と環境要因の相互作用が、非行に結び付いていると見るべきである。

近代的な犯罪心理学を牽引したアメリカの犯罪学者グリュック夫妻(Sheldon Glueck &

Eleanor Glueck）は、非行少年と一般少年の親や家庭の特徴を比較した。その結果を見ると、父親に犯罪傾向があるケースは、非行少年では六六・二％であったのに対し、一般少年では三二・〇％、適切な行動規範を欠く家庭は、非行少年九〇・四％、一般少年五四・〇％、母親のしつけが不適切なケースは、非行少年九一・四％、一般少年三二・八％などと、それぞれ倍以上の大きな開きがあった。

成人では親との関係に加えて、パートナーとの不適切な関係や不和が犯罪のリスクとなる。愛情や相互信頼に基づいた安定した関係を持てない者は、他者をだましたり、暴力を振るったりしやすい。

対人関係の問題は、家庭だけでなく学校や職場にも現れる。これが、二つ目の教育・職業上の問題である。友人や同僚と適切な人間関係を築けないことや、教師や上司に反抗的な態度を取ることは、いずれも非行・犯罪のリスクである。さらに、学校や職場での成績が悪いこと、それによって学校や職場で満足が得られず、自己実現の場として機能していないこともリスクとなる。

また、学校に行っていなかったり、無職であったりすることも大きな犯罪リスクである。そもそもこうした状態に至ったことに関して、本人の反社会的な問題性が大きかったのかもしれないし、何もすることがない時間がたくさんあることは、犯罪リスクを高める。

三つ目は、物質使用である。物質使用には、アルコールや違法薬物使用が含まれる。違法薬物使用は、それだけで犯罪であるが、薬物を使用している場合、ほかの犯罪リスクも大きくなる。薬物仲間や売人との反社会的交友、薬物入手のための犯罪への加担などと結び付きやすいからである。また、アルコールや薬物は、われわれの意識状態を変容させる働きがあることから、しらふの状態では行わないような犯罪行為を行う危険が高くなる。

第四は余暇活用であるが、余暇活用が犯罪のリスクと聞くと、不思議な感じがするかもしれない。正確に言うと、余暇活用の不適切さということである。一般に、犯罪者は打ち込むことのできるポジティブな余暇活動（運動、趣味、自己研鑽など）を行っていない者が多い。ハーシのいう「投資」対象がないということである。したがって、常に暇を持て余し、退屈を埋めるために反社会的な行動や刺激的な行動に赴きやすい。

事件報道で、容疑者の写真が提示されるとき、事件当時の写真ではなく、何年も前の学生の頃の写真であったり、時には卒業アルバムの写真であることが多い。これは、彼らの余暇活動や対人関係の乏しさを物語っていると言えるだろう。つまり、最近撮影された写真が存在しないのである。

犯罪理解を一歩前へ押し進めるために、今後ますます重要になってくるのは、生物学的要因の探究である。生物学的犯罪研究は、まだ始まったばかりで、多くのことはまだ謎のままであるが、いくつかの興味深い知見も得られ始めている。第三章でふれた自己統制力に関する遺伝の影響もその一つである。

しかし、ロンブローゾの時代だけでなく、現代社会においても犯罪を遺伝や生物学的要因で説明しようとする試みは「危険」であるとして退けられる傾向が強い。それはともすれば決定論に結び付いたり、ナチズムのような優性学的思想につながったりする恐れがあるからだ。事実、これまで生物学的理論を唱えた犯罪学者の中には、学界から批判され、追放された者も少なくない。

確かにかつての生物学的犯罪研究は、こうした危険な側面を有していた。とはいえ、人間はもとより生物学的存在であることは間違いない。犯罪のみならず、いかなる行動であれ生物学的要因の探究を無視してしまっては、正しい理解ができないことは明らかである。

生物学的犯罪研究が差別や排斥に陥るのもイデオロギーであるならば、犯罪はひとえに社会学的要因の影響であるとして生物学を排斥するのもイデオロギーである。これらはいずれも偏った考え方である。

したがって、これからの犯罪心理学では、生物学的研究の陥穽に注意を払いながらも、厳密に科学的な方法で、生物学的要因も含めた諸要因の探究を進めていくことが重要である。

†双生児研究と養子研究

生物学的な要因が犯罪に及ぼす影響を調べる際によく用いられるのは、双生児研究や養子研究である。一卵性双生児は両者の遺伝子がまったく同一であるが、二卵性双生児の遺伝子は一般のきょうだいと同程度、五〇%の類似度である。

もしある特性の類似度が、一卵性双生児のほうが二卵性双生児より二倍程度高いのであれば、その特性には遺伝子の影響が大きいことがわかる。犯罪傾向に対する遺伝の影響を見る際は、双生児のそれぞれの犯罪歴を調べ、その一致度を見ればよい。

残念ながらこの種の研究は、その実施の難しさからあまり大規模な研究がないため、信頼性に劣るが、ある小規模な研究では、一卵性双生児の一致度が八七%であったのに対し、二卵性双生児の場合は、七二%だったと報告されている。一致度に差はあるものの、理論的に期待されるほど大きな差ではない。また、遺伝的にまったく同一である一卵性双生児の一致率は、一〇〇%ではない。

このように、遺伝の影響はある程度は大きいが、それがすべてではない。アメリカの行動遺伝学者ロウ（David Rowe）の推定によれば、双生児における非行への影響力のうち、三八％が遺伝、二八％が共有環境、三四％が非共有環境のものであるとされている。

次に養子研究を見てみよう。養子研究では子供の犯罪傾向と実親および養親の犯罪傾向の類似度を比較する。この種の研究もさほど数が多いとは言えないが、犯罪傾向の大きい実の親から引き離され、遵法的な親に養子に出されて望ましい環境で生育された場合でも、その子供の犯罪傾向は高いという結果が見出されている。

†攻撃性と遺伝

犯罪傾向の中でも、攻撃性に関しては遺伝の影響が強く、その変動の四〇－五〇％が遺伝で説明できるという。もちろん、攻撃性を司る単一の遺伝子があるというわけではない。しかし、持って生まれた様々な生物学的特徴と攻撃性との間に大きな関連があることがわかっている。

その代表的なものは、テストステロンやセロトニンである。テストステロンとは男性ホルモンのことであり攻撃性と関連がある。男性のほうが女性より攻撃的であるのは、テストステロンの影響である。また、セロトニンとは情緒や行動の統制に関連する神経伝達物質である。セロトニンが欠乏すると、情緒や行動のコントロールが難しくなる。

攻撃性が高く、粗暴犯罪に関わった男性は、血中のテストステロン濃度が高く、セロトニン代謝物の濃度が低いことがわかっている。

また、粗暴犯罪を行った者は、安静時の心拍数や呼吸数が少ないということも際立った特徴である。この特徴は、発達の早期から比較的一定しており、三歳時に心拍数が少ない子供は、長じて粗暴非行に及ぶ割合がそうでない子供の二倍である。

粗暴犯罪と心拍や呼吸が少ないことの関連は、どう説明すればよいのだろうか。心拍数や呼吸数は、脳の覚醒レベルの指標である。つまり、これらが少ない者は、脳の覚醒レベルが低い状態にある。比喩的に言えば、脳がいつもシャッキリときびきび機能している状態ではなく、どこかとろんとした状態にある。

これは、生物学的には不快な状態であるため、目を覚まさせる必要がある。そのために、彼らは刺激のある行動を求めたり、暴力沙汰に及んだりするのだと説明できる。つまり、攻撃性の高い人々は、生物学的にそのように駆り立てられているのだと言える。

しかし、これもそう単純な話ではなく、環境との相互作用や、知能など別の要因の影響も無視できない。例えば、社会階級が低く、未婚で、不安定な雇用状態にある者ほど、テストステロンの血中濃度の高さが粗暴犯罪に結び付きやすく、そのリスクはそうでない男性の二倍である。

古い犯罪心理学では、子供の頃に受けた虐待体験は、非行や犯罪の原因となりやすいという説明がしばしばなされていたし、現在でもそのような記述は心理学の教科書にはたびたび見られる。

†虐待と非行との関連

しかし、データを取ってみると、虐待と非行の間には有意な関係は見出されていない。確かに、虐待を受けた子供が非行や犯罪を行う場合もあるが、そうでない場合がずっと多い。虐待というトラウマ体験を乗り越えて、健全に成長する子供もたくさんいるということだ。それにもかかわらず、そうした事実を無視して、虐待と非行との関連を強調しすぎるのは、偏見を助長することにつながる危険性がある。

虐待と非行との関連は、非常に複雑であり、それを単純化しすぎてしまうと、このような誤りを犯してしまう。イスラエル生まれの犯罪学者カスピ（Avshalom Caspi）は、犯罪行動の生物学的要因と環境要因との相互作用について精力的な研究を行っている。

彼は、虐待と非行の複雑な関連を説明するために、モノアミン・オキシダーゼA遺伝子（Monoamine Oxidase A：MAOA）の働きに着目した。この遺伝子は、モノアミン酸化酵素という脳内にある酵素を活性化する作用を持つ。MAOA遺伝子の活動が低い場合、モ

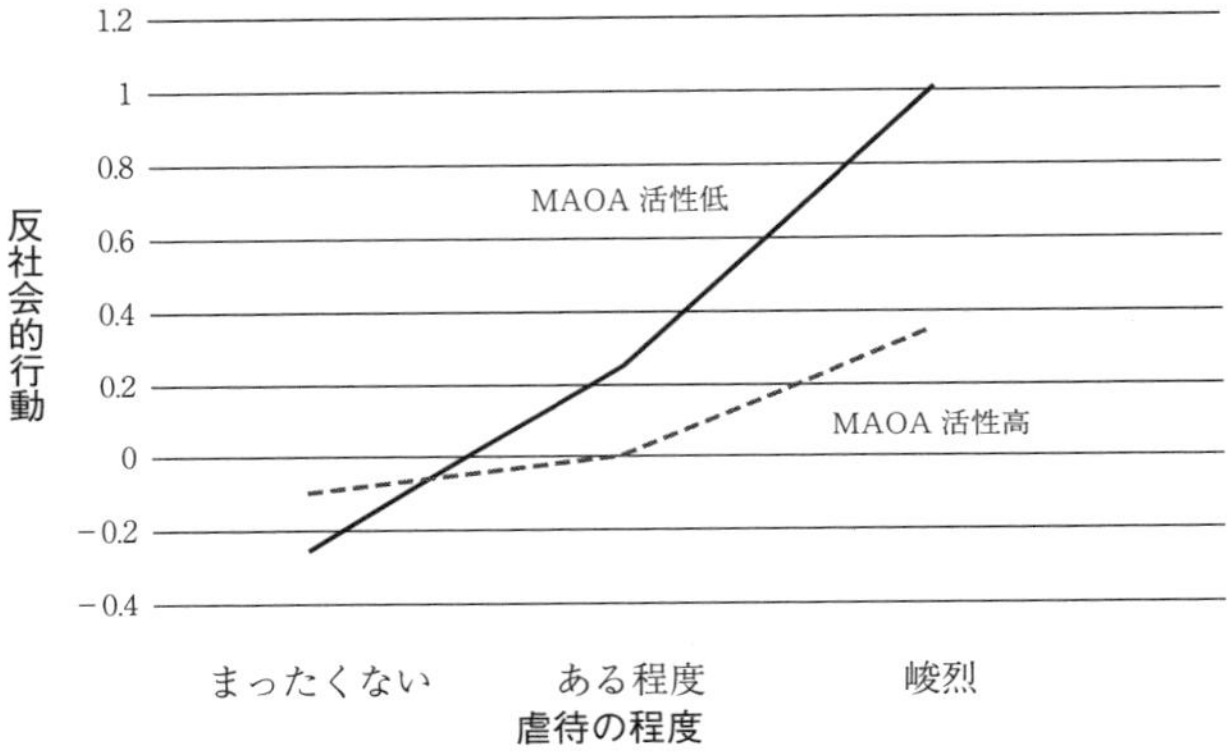

図4−2　遺伝子特性と虐待が非行に及ぼす影響
出典）Caspi et al.（2002）

ノアミン酸化酵素が活性化されず、セロトニンなどの神経伝達物質の代謝が不十分になり、攻撃性が発現しやすくなる。

カスピが見出したのは、MAOA遺伝子の活性が低い子供が虐待を受けた場合、非行が出現しやすくなるが、そうでない子供は虐待を受けても非行に至らないケースが多いということである。

図4-2は、カスピの研究データをグラフにしたものであるが、横軸に虐待の程度、縦軸に反社会的行動を取ってある。また、実線はMAOA遺伝子の活性が低い子供の場合、点線は高い場合である。まず実線を見ると、右に行くほど虐待の程度が激しくなるが、それにつれて反社会的行動の割合も高くなっている。

ところが点線の場合、つまりＭＡＯＡ遺伝子活性が高い子供の場合、受けた虐待の程度が激しくなっても、反社会的行動にはさほど変化はない。つまり、このケースでは虐待と非行には関連がない。

まとめると、子供のときに虐待を受けたとしても、ＭＡＯＡ遺伝子の活性が高い場合は、その劣悪な環境が非行などの問題行動へと発展することから子供を守ってくれる。しかし、ＭＡＯＡ遺伝子の活性が低い子供は、虐待という劣悪な環境が、非行という問題行動に発展しやすくなる。

逆の言い方をすれば、ＭＡＯＡ遺伝子という攻撃性や衝動性に関連する遺伝子が、その影響を発揮するのは、虐待のように生育環境が劣悪であった場合のみで、生育環境に問題がない場合は、遺伝子の影響も見られないことがわかる。つまり、遺伝と環境の相互作用で、犯罪行動の出現が変わってくるということである。

こう見ると、虐待と非行に関連があるという旧来の説明は、非常に単純で物事の一面しか見ていないことがはっきりする。実際、ＭＡＯＡ遺伝子の活性が低い者は、高い者の半分程度しかいないので、虐待の影響を受けない者のほうが多い。したがって、全体的に見ると、虐待と非行には直接の関連はないということが正しいわけであり、それはデータの示すとおりである。

もちろん、だからといって、虐待が深刻な問題ではないということではない。一部ではあっても、それが将来の犯罪行動につながる深刻な影響を与えることは事実であるし、それ以外の様々な悪影響を与える場合もある。虐待の防止や被虐待児のケアは、それはそれできわめて重要な問題である。

しかし、「虐待が非行の原因である」と主張することは、被虐待児に対する偏見を生むばかりか、人間の可塑性や可能性を軽視することにもつながる。つまり、われわれは過去につらい体験を受けたとしても、その影響から逃れられないか弱い存在なのではないし、犯罪を行うように運命付けられてしまうのでもない。人間はそれを克服し、立ち直る大きな力を有しているのである。

心理学では、そのような力のことをレジリエンスと呼んでいる。レジリエンスとはまだ抽象的な概念に過ぎないが、その正体の一つはこのMAOA遺伝子だと言ってよい。

データによれば、被虐待体験とMAOA遺伝子欠如の双方を有する者は、人口全体の約一二%ほどであり、その中の比較的少数の人々が世の中の犯罪全体の四四%に関係している。これは、モフィットの生涯継続型犯罪者を思い出させる数値でもある。生涯継続型犯罪者には遺伝負因が影響していることは先に述べたが、MAOA遺伝子欠如はその候補の一つだと言える。

第五章　犯罪者のアセスメントと治療

われわれが病気になって病院に行くと、医師にまず「どうしました」と聞かれる。すると、患者は「昨日の夜から熱っぽくて、喉も痛いです」などと答える。その回答を聞いて、医師は「では熱を測ってください」と言うだろうし、「口を開けて」と言って喉の奥をライトで照らしながら診るだろう。そして、熱があって、喉が赤く腫れていれば「風邪ですね」という診断を下し、解熱剤やうがい薬を処方する。

犯罪に関しても、同じような手続きが取られる。非行少年であれば少年鑑別所で、新規受刑者であれば拘置所で、犯罪心理学の専門家が面接をし、知能検査やパーソナリティ検査を実施して、問題性の査定、つまり「診断」が行われる。

ここで重要なことは、知能やパーソナリティ、犯罪の背景などの査定のほか、彼らの再犯リスクの査定、すなわちリスクアセスメントを行うことである。問題性やリスクが明らかになれば、少年院や刑務所などではそれに対応した処遇や治療を行うことになる。

†リスクアセスメント・ツール

では、どのようなツールを用いて再犯リスクの診断を行うのであろうか。肝心の物差しがゆがんでいては、正しい判断ができないので、ツールの選択はきわめて重要な問題である。

アンドリュースとボンタは、犯罪心理学で用いられるリスクアセスメントのツールを、時代を追って第一世代から第四世代まで、四種類に分類している。

第一世代のツールは、専門家の臨床判断である。これは特別な用具を用いず、専門家が自らの経験や臨床的な勘を頼りに、犯罪者のリスクを診断するものである。あるいは、何らかの検査を行ったとしても、最終的な結論は専門家の主観によって診断を下す場合もある。

しかし、これまでも繰り返し強調してきたように、いくら専門家とはいえ、こうした主観的判断に頼ることは危険である。「刑事の勘」が悲惨な冤罪事件を招いたように、この場合も誤った判断をしてしまう可能性が大きいからだ。専門家の臨床判断が、いかに誤りが多く、当てにならないものかは、多くの研究によって実証されている。

また、投影法と呼ばれる心理テストも第一世代のツールである。投影法とは、絵を描かせたり、あいまいな刺激を見せて何に見えるかなどを尋ねることによって、パーソナリティを診断する方法である。これは、被験者の内面が、絵や回答に投影されるという前提のもとに成り立っている。

代表的な投影法は、描画テストである。「実のなる木を書いてください」と教示して、木の絵を描かせるバウムテストや、家・木・人を書かせるHTPテストなどがある。バウムテストでは、描かれた木の位置、筆圧、形状、傷や影などから、本人の性格がわかると言われている。

また、「私は」「父は」などという書きかけの文を提示して、それを完成させる文章完成法（SCT）、インクの染みが何に見えるかを答えさせるロールシャッハテスト、マンガの吹き出しに台詞を入れるP－Fスタディなどの言語的な投影法もある。いずれもあいまいな「刺激」を提示して、どのような反応をするかにパーソナリティが現れると考えられている。

これらは一見、専門的な検査に見えるかもしれない。しかし、共通する問題点は、いずれのテストでも結果が検査者の主観にゆだねられる点である。つまり、またしても「専門家の勘」である。

バウムテストで言えば、紙の右側に絵を描けば「無意識に相手を支配しようとする傾向がある」のだという。しかし、どこまで右に書けばそう言えるのか、ちょっとだけずれていてもそうなるのかなどは、専門家の判断にゆだねられる。さらに、なぜ右にずれていればそのような傾向があると言えるのか、明確で実証的な根拠は何もない。

また、子供への虐待の有無を査定するために、描画が用いられることがある。子供が描いた絵の特徴から、虐待を受けたかどうかを見きわめるのである。しかし、その際、心理学者が半ば無意識的に誘導して「異常な」絵を描かせたり、虐待をうかがわせるような証言を引き出したりして、虐待を「捏造《ねつぞう》」してしまう危険がある。

例えば、親の身なりや言動などから、「この親は虐待をしているに違いない」と思い込んだとする。すると、子供が鎖でつながれた犬の絵を描いたとすると、そこに「虐待のサイン」を見付け、「この犬は自分自身で、鎖につながれたように抑圧された自分の心を表しているのだ」などと解釈する。

その結果、アメリカでは虐待をしてもいない親が冤罪に巻き込まれたケースが多発した。中には親が訴えて裁判に発展し、心理学者が敗訴したというケースも少なくない。

まとめると、これらのテストには科学的裏付けがなく、パーソナリティはもちろん、再犯リスクなどは査定できない。テストが査定しようとするものをきちんと査定できない場合、心理学ではそのテストには「妥当性」がないと言う。

また、投影法では、専門家の判断にゆだねられるところが大きいのであるから、テスト結果は査定する人によってバラバラになってしまう。物差しで物の長さを測るときに、測る人によって測定値が異なるようでは、そのような物差しは役に立たない。心理学では、そのようなテストには「信頼性」がないと言う。

投影法は、妥当性も信頼性もきわめて低いので、犯罪者のアセスメントだけでなく、性格や精神障害の判断などに用いることは不適切である。

†第二世代のツール

第二世代のツールは、保険数理的リスクアセスメント・ツールである。これは、保険会社が用いる統計的テクニックを用いて再犯リスクを査定しようとするものである。

例えば、自動車保険に入るとき、一般に若いドライバーはベテランドライバーよりも保険料が高い。また、これまで事故歴や違反歴がある人も、保険料が高い。なぜかというと、これらの人々は、将来事故を起こすリスクが大きいからである。これは何も偏見ではなく、保険会社のデータに基づいた事実である。

再犯リスクの査定にも、同じロジックを用いることができる。犯罪統計のデータを見れば、男性、若年者、過去に犯罪歴のある者などは、再犯リスクが高いことがわかる。したがって、目の前の犯罪者が、これらの項目に当てはまるかどうかをチェックし、点数化すればよい。

現在、世界中でよく活用されている保険数理的リスクアセスメント・ツールの一例として、スタティック99というものがある。これは、カナダの犯罪心理学者ハンソン（R. Carl Hanson）が開発した性犯罪者の再犯リスクを予測する尺度で、一〇項目の質問から構成されている。項目の一例を挙げると、年齢が二六歳未満か、過去に性犯罪歴はあるか、過去に性犯罪以外の犯罪歴はあるか、顔見知りでない被害者がいるかなどである。

これらの項目は、過去の犯罪データを元に選ばれたものであり、若年である者、過去に複数の犯罪歴がある者は、再犯に至る傾向が大きく、さらに、被害者が顔見知りである場合よりも、そうでない場合のほうが再犯リスクが大きいことがデータとしてわかっているため、それらをチェックするのである。

私たちの研究グループは、スタティック99の日本語版を作成し、実際に痴漢や盗撮などの性犯罪で逮捕歴のある三九九人に実施した。その結果、再犯リスクが高いと判定された者が八〇名、高ｰ中リスク一九三名、中ｰ低リスク七七名、低リスク四九名であった。

次に、その後のフォローアップ期間中に、何人が実際に再犯に及んだかを見てみると、

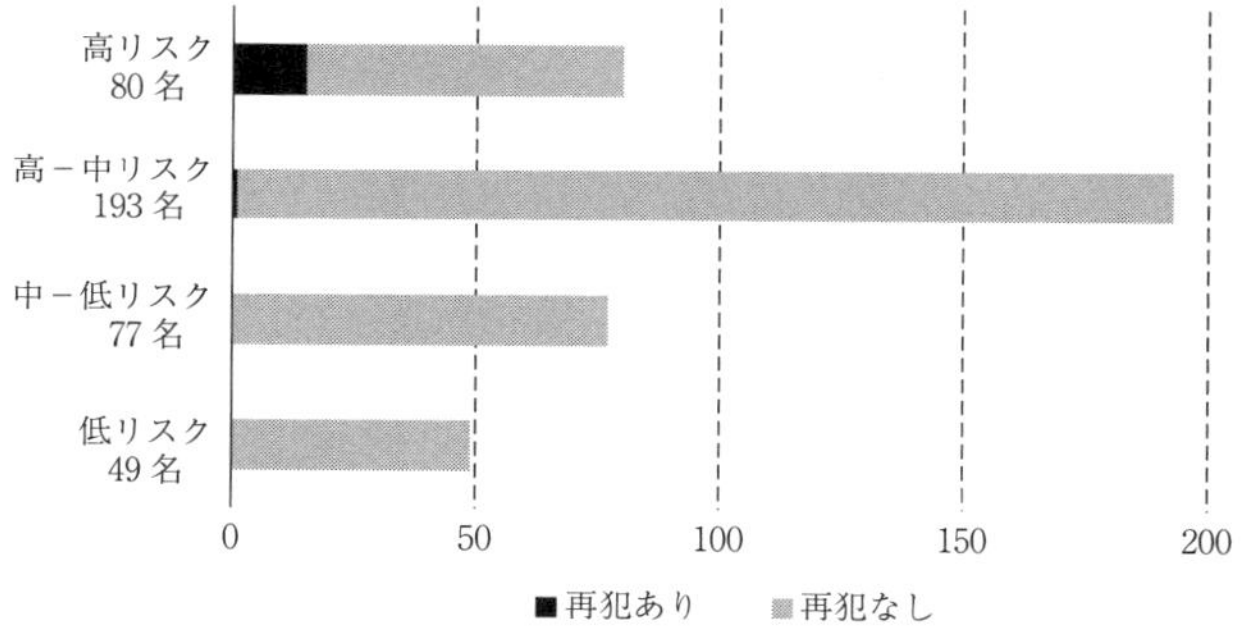

図5－1　性犯罪者のリスクアセスメント：再犯リスクと再犯率
出典）北條・原田・野村ら（2015）

全体で一六名（約四％）が再犯をしていた。そして、そのうち高リスクと判定されていた者が一五名で再犯者の九四％を占めた。一方、低リスク、中－低リスクと判定されていた者の再犯はゼロだった（図5－1）。

ハンソンの研究を見ても、専門家判断によって性犯罪の再犯を正しく予測できた割合は約五五％であったのに対し、スタティック99では七六％だった。

五五％というのは、半分を超えているのだから、一見あまり悪くない数字と思われるかもしれないが、当てずっぽうを言うのと大差のない数字である。再犯をするかしないかしか答えはないのだから、デタラメを言っても当たる確率は五〇％である。つまり、この五五％という結果は、専門家なるものがいかに当てにならないかを如実に物語っている。

このように、第二世代のツールは、格段に再犯リスクの予測可能性が向上している。しかも、比較的簡単にリスク査定ができるところが利点である。

予測という観点では、第二世代のツールは完璧ではないまでも、妥当性が非常に高く、信頼性も高いので、今でも世界中で実務に役立っている。しかし、問題もある。それはその質問項目にある。

第二世代ツールの質問項目は、年齢や性別など本人の属性、過去の問題行動歴を問うものばかりである。こうした項目によって、確かに将来の再犯可能性は、ある程度正確に判断できるのであるが、これでは本人のどこが問題で、それをどう変えていけばよいかわからない。「診断」という意味では役に立たないのである。

例えて言えば、風邪ということはわかっても、熱があるのか、喉が腫れているのかがわからないのと同じで、これでは治療の方針を立てることができない。解熱剤の処方をすべきか、うがい薬を出すべきか、決めようがない。

†第三世代のツール

そこで、第三世代のツールは項目を見直し、犯罪に関する危険因子をもれなく組み込んでいる。これは、前の章で説明したような犯罪の危険因子に関する研究が進み、メタアナリシスの結果から「セントラルエイト」に関する知見が得られたことによって可能になったのである。

つまり簡単に言えば、第三世代のツールとは、犯罪者がセントラルエイトをどれだけ有しているかを質問するものである。

その代表的なものがLSI（Level of Service Inventory）という質問紙であり、アンドリュースとボンタによって一九九五年に開発された。これは、過去の犯罪歴も尋ねるが、それに加えて反社会的友人関係の有無、反社会的認知、反社会的パーソナリティ傾向などセントラルエイトの各要因を、複数の項目によって質問する。例えば、反社会的認知に関しては、「罪を犯すことは何とも思わない」「法律を軽視している」などのような項目が含まれている。

LSIは現在、世界中で活用され、多くの研究も蓄積されている。オーストラリア矯正局による約一万人の男子受刑者を対象にした研究によると、このツールで低リスクと判定された者の二年以内の再犯率が五・八％であったのに対し、低‐中リスク一五・一％、中リスク三三・七％、中‐高リスク四七・二％、高リスク五八・一％だった。

わが国の少年鑑別所でも、LSIを元に独自のリスクアセスメント・ツールを開発し、二〇〇八年から運用している。リスクのレベルは、LSI同様に四レベルである。六〇〇〇人の非行少年を対象に二年間追跡してデータを収集したところ、低リスクの再非行率が一〇・一%であったのに対し、高リスクでは七八・〇%だった。

これらのツールの利点は、リスク予測の正確さだけにとどまらず、今後の治療において、どの点に着目して治療を進めればよいかが明確になることである。つまり、パーソナリティ面にチェックがたくさん付いているのならば、パーソナリティの問題を焦点にすればよいし、交友関係に問題が多いならば、それが治療の焦点となる。リスクが高い者ほど、多くの領域に問題を複数有することもわかる。

このように、現在のところ最も妥当性が高く信頼の置けるリスクアセスメント・ツールは、これら第三世代のツールである。これに次ぐ第四世代のツールも開発されているが、それは実務上の有益さを向上させた機能が追加されているものの、実質的な内容は第三世代のツールとほとんど変わらない。

†犯罪者の治療

さて、アセスメントが終了すれば、次に大事なことは今後どのように治療していくかということになる。これは、再犯の予防でもある。また、治療の進展に伴って、随時アセスメントを行うことも重要である。それは、治療成果の検証になるからである。この点、言うまでもなく第一世代や第二世代のツールは活用できない。治療成果の検証ができる点でも、第三世代のツールは優れている。

ところで、これまで特に断りもなく「犯罪者の治療」という言葉を用いてきた。「犯罪者は罰するものである」という従来の考え方からすれば、「犯罪者の治療」という言葉にはいささか奇妙な響きがあるかもしれない。

確かに、法治国家である以上、法に従って犯罪者を罰することは当然であり、私とて何の異論もない。しかし、再犯予防という観点からすると、残念ながら刑罰だけでは不十分だということを、繰り返し強調してきた。

したがって、再犯予防を確実にするためには、処罰に加えて、あるいはダイバージョンとして「治療」という新たなパラダイムを導入することが必要なのである。さらには、教育や福祉などを併せた「ヒューマン・サービス」の提供が理想的である。

ところで、ここで重要なのは、心理学的な治療は、犯罪者の更生、再犯の予防に果たして本当に効果があるのかということである。まずこの点について、研究の結果を見てみよう。

†犯罪者治療悲観論

かつて「犯罪者には何をしても無駄だ」「犯罪心理学など犯罪の抑止に役立たない」という「矯正悲観論」があった。実際のところ、心理学はあまり役に立っていなかった。特に、サイコパスや反社会性パーソナリティ障害などと呼ばれる人々は、ほぼ「矯正不可能」と考えられてきた。

一九七〇年代、アメリカでは犯罪学者マーチンソン（Robert Martinson）が、それまでに実施された二〇〇を超す犯罪者治療に関する論文をレビューし、その結果「Nothing works」（何をやっても効果がない）という結論に達した。

この結論は、犯罪学者や法律家、政治家に大きな影響を与え、その結果、アメリカの刑事司法は厳罰化へと傾いていく。つまり、犯罪者にはどんな治療や教育をしても効果がないので、刑罰をできるだけ厳しくして懲らしめようという論理である。

しかし、その後のアメリカの犯罪統計を見れば、このような厳罰化政策には犯罪抑止効果はほとんどなく、刑務所の過剰収容を招いただけであることがわかる。

七〇年代には五〇万人に満たなかったアメリカの刑務所人口は、八〇年代以降激増し、現在は二五〇万人に迫るほどになっている。そのため、カリフォルニア州だけでも、毎年五〇億ドルの追加予算が必要だという。世界の刑務所人口の総数が約九八〇万人であるので、何とその四分の一をアメリカが占めている計算になる。ちなみに、日本の刑務所人口は、約六万三〇〇〇人である（二〇一三年末）。

実は、マーチンソンの研究には大きな欠陥があった。それまでの治療には効果を上げたものと、上げなかったものがあった。彼は、それらを乱暴に一括りにしたため、結局効果が相殺されてしまい、「効果なし」という結論になったのである。

特に、刑罰、保護観察、刑務所収容のような、治療とは呼べないものまでも組み込んでいたことが大きな問題だった。したがって、彼が集めた二〇〇件の研究からこれらを除外し、純粋に治療（心理療法）と呼べるものだけを残すと、八三件の研究しか残らず、その結果を見れば約半数に再犯抑制効果があったことがわかっている。

さらに、治療研究の中でも、そもそも理論的に効果が期待できないものや、研究の方法論に問題のあるものなどを除外すれば、「真の効果」が見えてきた。こうして、彼の研究は多くの心理学者から批判を浴び、最終的にマーチンソンは「Nothing works」の結論を撤回することになる。

†その後の治療効果研究

マーチンソンは、不幸なことに持論を撤回した後、自殺してしまった。しかし、彼が最後に述べたことはとても重要である。すなわち、「効果がある治療法もあれば、効果がないものもある、そして逆効果な（つまり再犯率を高めてしまう）ものもある」という一見当たり前ともいえる事実である。

つまり、これらを乱暴に一括りにしてしまえば、何もわからなくなるので、研究では「効果があるのはどのような治療なのか」、「効果があるものとないものはどこが違うのか」という問いが重要になってくる。

リプセイ（Mark Lipsey）は、現在最も影響力のある犯罪心理学者の一人であるが、彼は四〇〇以上の犯罪者処遇に関する研究を、より洗練された方法でレビューした。彼が用いた方法は、メタアナリシスである。メタアナリシスについては、第四章で解説したが、過去に行われた膨大な研究の中から質の高いものだけを選択し、それらを統合して一つの大きな研究にまとめあげる統計的手法のことである。メタアナリシスは、現在のところ最も信頼がおける研究方法であると考えられている。

リプセイのメタアナリシスでわかったことを簡単にまとまると、以下のようになる。

1　処罰は再犯リスクを抑制しない

拘禁や保護観察などの刑事司法手続きだけでは再犯率は低下させることができず、むしろわずか（およそ数パーセント）ではあるが上昇させてしまう。また、方法によっては二〇％以上も再犯率を高めてしまうものもある。

2　治療は確実に再犯率を低下させる

犯罪者に心理療法などの治療を行った場合は、再犯率がおよそ五〇％低下する。何の治療も実施しなかった場合の平均再犯率が六五％であったのに対し、適切な治療を実施した場合の平均再犯率は三五％だった。

3　治療の種類によって効果が異なる

2で述べた「適切な治療」とは、行動療法や認知行動療法などの行動科学に基づいた治療法である。一方、それ以外の心理療法（精神分析、パーソンセンタード・セラピーなど）は、再犯抑止にほとんど効果がなかった。

また、刑務所など拘禁下での治療よりも、社会内での治療のほうがより効果がある。

†治療の三原則

こうした科学的な検証の結果、効果がはっきりと実証された治療アプローチの共通点から、三つの原則が導き出された。アンドリュースとボンタは、これを治療三原則、またはその頭文字を取ってRNR原則と名付けた。最初のRはリスク（Risk）、Nはニーズ（Need）、そして最後のRはレスポンシビティ（Responsivity）である。日本語ではそれぞれ、危険性、必要性、反応性となる。

レスポンシビティは責任という意味のレスポンシビリティ（responsibility）と似ているが、違う言葉である。どちらもレスポンス（反応）という言葉から派生しているが、レスポンシビティとは「反応しやすさ」といった意味である。

この後、これらを一つずつ説明していくが、その前に実際に三原則に従うかどうかで、治療効果、つまり再犯抑制効果にどれだけ違いがあるか見てみたい。治療三原則すべてを遵守した治療を行った場合、再犯率が二五％も抑制されるのに対し、どれか二つだけだと約一七％の抑制でしかない。そして、どれか一つだけだと〇・〇二％となり、ほとんど効果がなくなってしまう。さらに、驚いたことに、三原則をまったく無視した治療を行うと、わずかであるが再犯率が増加してしまう、つまり逆効果となる（図5-2）。

このように、とりあえずカウンセリングでも心理療法でも、とにかく何かやればよいのではなく、きちんと科学的な原則に従って働きかけを行わねばならないということが明確に示されている。

†リスク原則

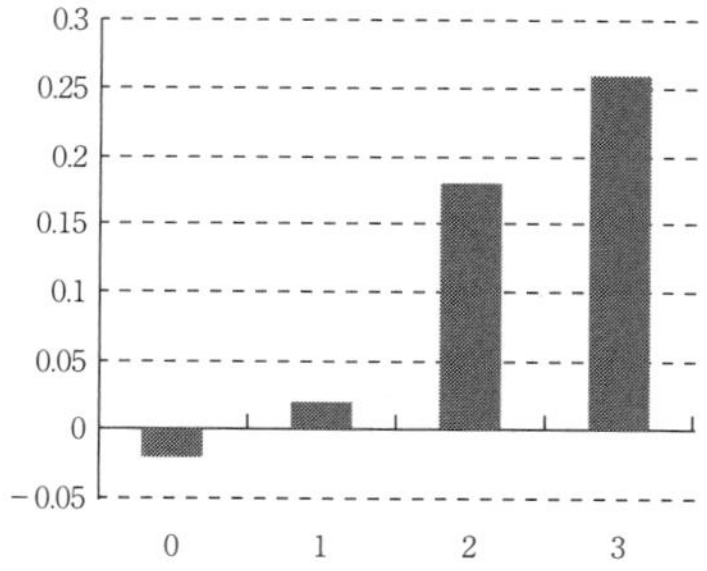

注：縦軸の数値は、再犯率がどれだけ増減するかを示す。
0.25 というのは、再犯率が 25% 減少することを表し、マイナスの数値は逆に増加していることを表している。

図 5－2　治療三原則と治療効果
出典）Andrews & Bonta（2011）

さて、ここからは三原則の一つひとつを順に説明する。第一の原則はリスク原則である。リスクという言葉は、これまでもたびたび用いてきたが、再犯危険度ということである。そしてリスクを査定するためには、妥当性も信頼性も確立されたアセスメント・ツールが必要であることも既に述べた。

リスク原則とは、「相手のリスクの大きさに応じて治療の強度を変える」ということである。リスクが大きい者には、長時間にわたって密度の濃い治療を行うべきであるし、反対にリスクが小さい者には短期間、最低限度の治療でよい。このように、リスク原則とは、治療形式に関する原則である。

われわれが風邪を引いたときでも、鼻風邪程度であれば、たいていの場合、暖かくしてゆっくり一晩寝ればよくなるものだ。しかし、肺炎にまで悪化すれば、場合によっては抗生物質や入院が必要となる。逆に、鼻風邪にすぎないのに、強い薬を飲んだり、入院したりすると副作用が出たり、生活に支障が出るなど、悪い影響を及ぼしてしまう。

これは犯罪治療についても同じことが言える。低リスクの者に、強度の治療を行うと再犯率が高まってしまうことがわかっている。米ウィスコンシン州矯正局の研究によれば、低リスクの者に最低限の治療を行った場合、再犯率が三%だったのに対し、強度の大きな治療を実施した場合は一〇%に上昇してしまった。一方、高リスク者に最低限の治療しか行わなかった場合、再犯率は三七%と依然高いままであったが、強度の大きな治療を行うと、一八%に減少した。

リスク原則においてもう一つ重要な点は、治療資源の配分ということである。犯罪者に治療が必要と言っても、われわれの有する治療資源は限られている。ここで言う治療資源とは、専門の治療スタッフの数や予算、時間などのことである。

薬物事犯受刑者のケースを考えてみると、刑務所人口約七万人のうち二割が覚せい剤関係の受刑者で、薬物乱用経験のある者まで含めるとおよそ半数に及ぶ。これら何万人もの対象者に、同じような薬物依存治療を行うことは現実的に不可能である。

リスク原則は、高リスクの者には手厚い治療が必要であるが、低リスク者に同様の治療を行うと逆効果なので、軽い治療にすべきというのであるから、この原則に従えば、効率的な治療資源の配分ができることにもつながる。

薬物依存治療の例で言えば、場合によっては、低リスク者には自習ワークブックを配布したり、視聴覚教材などで対応することも可能であろう。一方、高リスク者には専門家チームがマンツーマンで時間をかけてじっくりと治療をすることが必要になる。

したがって、リスク原則は別の言い方をすれば、「誰を治療の対象にするか」を決める原則であるとも言える。つまり、治療対象に関する原則でもある。

†リスク原則適用の実際

わが国の刑務所における性犯罪者治療でも、この原則はきちんと守られている。まずリスクアセスメントであるが、刑が確定した段階で、拘置所でスタティック99に基づいた査定を行い、刑務所に移送した後、より綿密なアセスメントをする。その結果、再犯リスクを高リスク、中リスク、低リスクの三つのカテゴリーに分類する。

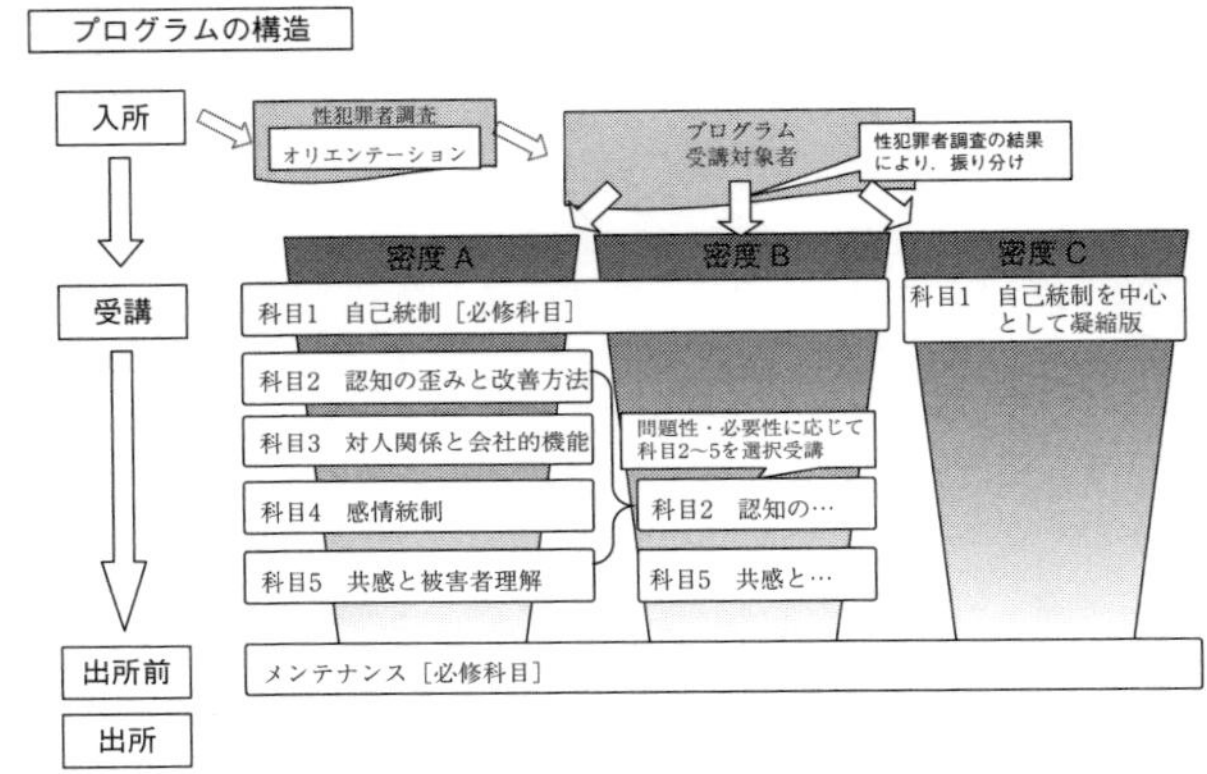

図5-3　性犯罪再犯防止プログラムの概要
出典）法務省（2005）

治療もリスクに応じて三種類のものが用意されている。法務省はこれを、高密度プログラム、中密度プログラム、低密度プログラムと呼んでいる。高密度プログラムでは、週二回八カ月間六四セッションの治療を行う。中密度は、週二回六カ月間、三四から五六セッションとなり、低密度は、週一回三カ月間、一二セッションとなる（図5-3）。

高リスクの者は、危険性だけでなく、問題性が多いということであるから、治療の強度や期間がそれに応じて、より強く長くなるのは当然である。

しかし、こうした科学的な方法が導入される前、実際は、しばしば逆のことが行われていた。刑務所でも少年院でも、指導に従順で人当たりのよい犯罪者・非行少年は、本人の更生意欲も高いだろうし、指導にも乗りやすいということで、様々な教育機会が与えられていた。一方、反抗的であったり、意欲が乏しかったりする者は、本人が指導を拒否することもあるし、無理やり指導を受けさせても、指導に乗りにくい。したがって、場合によってはほったらかしにされたこともある。

つまり、比較的問題性が少ない者、すなわち低リスクの者が手厚い指導を受け、高リスクの者には指導が行き届かないという、リスク原則とは逆の事態が生じていた。残念ながら今でもそうした状況が存続しているケースもある。

リスク原則によれば、反抗的で更生意欲のない犯罪者こそが、手厚い治療の対象であるのだが、実際に彼らを治療に乗せることなどできるのだろうか。昔から馬を水場に連れてくることはできても、無理やり水を飲ませることはできないと言うではないか。

そうした問題に対処すべく、心理学では、意欲の乏しい者に対して、その意欲を高めるための治療技法も開発されており、それには十分な効果があることが数多くの研究で実証されている。それは動機づけ面接法と呼ばれるテクニックである。動機づけとは、英語で言うとモチベーション、つまり意欲を高めることである。

しかし、動機づけや意欲の問題は、三原則の三つ目、反応性に密接に関連するテーマであるので、詳細は反応性原則のところで述べる。

†ニーズ原則

ニーズというのは、直訳すると必要性という意味であるが、ここで言うニーズは治療の必要性（治療ニーズ）を指す。発熱している患者の治療ニーズは解熱であるし、虫垂炎患者の治療ニーズは、虫垂の切除である。では、犯罪者の治療ニーズとはどんなものだろうか。

これは、すでに答えが出ている。リスクアセスメントをした際に、われわれは対象となった犯罪者が、どの程度セントラルエイトを有しているかを査定したことを思い出していただきたい。つまり、彼らの犯罪に関連する問題性自体を査定したのであるから、それがそのまま治療ニーズとなるわけである。

しかし、セントラルエイトの中には、治療ではどうしようもないものが一つだけある。それは、言うまでもなく過去の犯罪歴である。過去は動かしようがないので、これだけは治療ニーズとはならない。

したがって、セントラルエイトのうち、犯罪歴を除いた残りの七つが治療ニーズ、すなわちは治療のターゲットとなる。アンドリュースとボンタは、それらを「動的リスク要因」あるいは「犯因性ニーズ要因」と呼んでいる。動かすことのできる（変えることのできる）要因という意味であり、また犯罪の原因となる要因という意味である。

つまり、ニーズ原則とは、治療によって変えることのできる要因、そして犯罪の原因となっている要因に的を絞って治療をすべきということを述べており、これは治療内容に関する原則である。

リスクアセスメントによって、ある犯罪者には反社会的交友の問題が大きく、パーソナリティの衝動性や共感性欠如が顕著で、ルール無視の態度が目立つということがわかったとすれば、交友関係の調整、パーソナリティや価値観の変容が治療ニーズとなる。

これもリスク原則同様、当たり前のことを言っているように聞こえるかもしれないが、実際にはしばしばニーズ原則に反したことが行われている。

これまで述べたとおり、治療ニーズとなるセントラルエイト（実際はセブン）は、犯罪に関連することが科学的な研究によって実証された要因である。しかし、思いつきや思い込みで治療ニーズを決めて治療を行うケースが頻繁に見られる。

例えば、幼少期のトラウマなどは犯罪に関連する要因、つまり犯因性ニーズではないことがはっきりしている。しかし、フロイト流の精神分析では、犯罪の原因は過去のトラウマの抑圧であると考えるので、治療ではそれを一生懸命掘り起こそうとする。もちろん、過去の親子関係などに問題を抱えた犯罪者は多いかもしれないが、それをいくら傾聴したところで、問題の改善にはつながらず、再犯の抑止にはならない。

もっとも、トラウマのケアをしてはならないと言っているのではない。本人が不幸な過去について話を聞いてもらいたいという場合、それを傾聴することは治療関係の構築の上では意義がある。また、トラウマが別の心理的問題（抑うつや不安など）と結び付いていると考えられるのであれば、その問題の治療のためには意味があるだろう。

しかし、治療において再犯防止が優先されるのであれば、トラウマケアばかりに終始することは望ましくない。

†反応性原則

第三原則は、反応性原則である。これは治療方法に関する原則である。すなわち、相手が治療に反応して変化できるように、真に効果のある介入法を選択して実施するということである。

これもまた当たり前のことのように聞こえるかもしれない。しかし、現実では効果のない治療法を用いている場合が少なくない。私が法務省で勤務していた際にも、ある政党の実力者から、刑務所や少年院の処遇にアニマルセラピーを導入してはどうかと提案されたことがあった。動物と触れ合うのは、確かに情操教育になるかもしれないので、悪いことではないだろう。情操教育に役立てば、犯罪の抑止にもなりそうだ。

しかし、これまで発表された世界中のどの論文を読んでも、アニマルセラピーに犯罪抑制効果があることを実証したものは一つもない。効果がないものに税金を投じるわけにはいかないのは当然である。いくらそれが「よかれ」と思っての発言だとしても、それが招く結果は同じである。

このように、心理療法であれば何でもよいわけではない。実は、心理療法にはたくさんの流派があり、多くの流派が乱立するアメリカでは、何とその数、三〇〇とも四〇〇とも言われている。中にはＵＦＯ療法、前世療法など荒唐無稽なものもある。

アカデミックな心理療法に限定すれば、大きく分けて三種類に分類できる。それは、精神分析的心理療法、認知行動療法、人間学的心理療法である。精神分析に効果のエビデンスがないことは先述のとおりであるが、今なお日本では精神分析は根強い人気があるため、これを信奉する心理学者は多い。

また、人間学的心理療法にもエビデンスがない。人間学的心理療法には、アメリカの心理学者ロジャーズが提唱したパーソンセンタード・セラピー（来談者中心療法）、ドイツの精神医学者パールズによるゲシュタルト療法などが含まれる。特に、パーソンセンタード・セラピーは、わが国の専門家の間で最も人気がある心理療法である。

最後に残った認知行動療法のみが、犯罪抑止に効果が実証されている心理療法である。アンドリュースとボンタも、反応性原則について説明する中で、「単純に言えば、認知行動療法を行うことだ」と述べている。

つまり、反応性原則に従えば、犯罪者の治療では認知行動療法を行うべきであるが、残念なことに、日本では精神分析やパーソンセンタード・セラピーのほうが主流であるため、今なおこれらの治療法を用いる専門家が多いのである。

とはいえ、「刑事収容施設法」に伴って次々に導入されている新たな特別改善指導では、認知行動療法が採用されている。性犯罪者再犯防止プログラムも薬物依存症の治療プログラムも、いずれも認知行動療法に基づいて開発されたものである。

認知行動療法とはどのような治療法で、実際の治療はどのように進められるのかについては、次の章で詳しく紹介したい。

†個別的反応性と動機づけ面接法

ところで、今述べたのは反応性原則の一般的なルールである。認知行動療法を実施すれば、相手はその治療に反応し、変化するため、効果が現れる。しかし、人間にはそれぞれ個性があり、一般的なルールの例外もあるわけで、その場合は個人個人の特徴に応じた個別的な反応性を検討しなくてはならない。

その最たる例が、リスク原則のところでふれた意欲の違いである。犯罪者の中には、そもそも治療などに関心がなく、更生意欲がない者もいる。こうした者には、たとえ認知行動療法を実施しても反応を示すことはないだろう。

そこでこのような者に対して、個別的な反応性を考慮した治療法が、動機づけ面接法である。これは、意欲を高めるための方法であると述べたが、どんな人間にも「変わりたい」―「変わりたくない」という矛盾した二つの気持ちがあるという考え方に立脚している。

例えば、あれだけ凶悪で極悪きわまりないように見えた宅間ですら、一時期は真面目に生活をしていた時期があることは先に指摘したとおりである。また、私自身、鑑定書を読んで驚いたことであるが、精神鑑定にはきわめて真面目に応じていたのである。それは鑑定人の力量によるところが大きいだろうが、鑑定の期間を通して、暴言を吐いたり、反抗的な態度を取ったりしたことは一度もなかったという。

これはなぜだろうか。おそらくは、鑑定人が宅間守を一人の人間として扱い、彼の人間としての尊厳に対しては敬意を払ったからではないだろうか。そして、宅間のほうにも、「自分が何者か知りたい」という強い気持ちがあったのではないだろうか。その背後には、決して発せられることはなかったが、「できるものなら変わりたい」という声なき声があったのかもしれない。

動機づけ面接法では、まず相手を一人の人間として尊重し、論争、対決、説教などは一切せず、たとえどんなに小さい声であっても、相手の中の「変わりたい」という気持ちをくみ取り、それを支えて強めていく。

アメリカでは、動機づけ面接法のワークショップが頻繁に行われており、多くの矯正関係者が受講している。

動機づけ面接法の習得には、何時間にもわたるワークショップを受け、ロールプレイや実務でスキルを磨いていくことが必要であり、大変な努力と時間を要するものであるが、犯罪者の治療だけでなく、実に多くの心理的な問題に対して確実な効果が実証されている。

†犯罪者治療に関する実務的なルール

これまで治療に関する大原則を説明したが、このほかにも治療に当たって重要なルールがある。それらを簡単にまとめると以下のようになる。

1 温かい受容的な治療関係を築く

これは何も犯罪者の治療だけでなく、心理療法全般に言えることである。心理療法というのは、人間同士のコミュニケーションを通じて実施されるものであるから、対象者とセラピストの間に、温かい受容的な関係を構築することが何よりも重要である。

いくら相手が犯罪者だからといって、相手を見下したり、非難したりする一方では治療が成り立たない。もちろん、犯罪自体を肯定するわけではないが、相手を立ち直ろうとする一人の人間として受容し、その意欲や努力には最大限の敬意を払うことが必要である。

刑事収容施設法が施行された直後に、刑務所職員を対象に認知行動療法の講義を行ったことがある。その際に、「治療セッションの間は、受刑者を呼び捨てではなく、『さん』付けで呼んでください」と言うと、猛反発をされた。

まさに従来の「刑務所文化」と新しい「治療文化」との衝突を象徴するようなエピソードである。確かに、これまで受刑者を呼び捨てにしていた強面の刑務官が、いきなり「○○さん」などと優しく呼びかけると規律が乱れると思ったのだろうし、受刑者のほうも何が起こったのかとびっくりするかもしれない。

しかし、びっくりされるのは悪いことではない。受刑者自身も、「刑務所にいるような自分はダメな人間だ」、「軽んじられて当然だ」と思っていたとすれば、そうではない扱いを受けることは、治療において、つまり本人が変わっていく上で大きな意味を持つ。

「さん」付けで呼ぶということは、「あなたを一人の人間として尊重していますよ」という端的かつ明確なメッセージとなる。

当時はまだ新法の施行直後であり、心理学の専門家が刑務所には配置されていない時期だったので、急ごしらえで刑務官にセラピストとしての訓練を行ったが、現在はだいぶ事情も変わり、専門家が多くの刑務所で治療を行っている。

2 セラピストは常に権威であること

1で述べたことと一見矛盾するようであるが、そんなことはない。人間としては、クライエントとセラピストは対等であるが、立場は違う。セラピストは心理学の専門家であり、犯罪からどのようにして立ち直るか、何をすればよいのかを熟知しているべき「権威」でなければならない。必要な知識を教授したり、指示を与えたりするのは、その権威が背景にあるから効果をもたらすのである。

もし自分が手術を受けることになったら、オドオドして自信のなさそうな外科医と、「安心して任せてください」と言う外科医のどちらを選ぶだろうか。権威たることと、尊大な態度を取ることはまったく違う。相手に対等に接することと、権威であることは、矛盾することではない。

また、権威であるためには、セラピストは常に自己研鑽に励み、その知識や経験を積み上げることが必要であることは言うまでもない。

3 適応的な行動モデルとなる

セラピストは、望ましい行動のモデルとならなければならない。これは、「犯罪を許容しない」という態度や、適応的な対人関係の持ち方などを示すロールモデルとなるということである。

1で述べた「相手を対等な人間として接する」ことはまた、望ましい対人関係の持ち方のモデルを示していることにもなる。

犯罪者治療の場面で私にもよく経験があるが、傷害事件を起こした者が「バカにされたら殴ってやらないと相手はつけ上がりますからね」などと言うことがある。あるいは、痴漢で逮捕された者が「あんな短いスカートはいていれば、触ってくれと言っているようなものですよね」などと言うこともある。

このようなとき、相手を受容しなければならないという気持ちから、「そうですね」「わかるわかる」などと肯定するのは、受容ではない。それは単なる迎合である。望ましい応答は、「あなたはそう思ったかもしれませんが、いくら腹が立っても暴力はいけません」「相手がどんな格好をしていようとも、触っていいわけではありません」ときっぱりと述べ、「犯罪を許容しない」という態度を示すことである。

しかし、これは温かい受容的関係あっての上のことで、それがなければ単なる説教でしかない。いつもは、温かく受容してくれるセラピストが、間違ったことは間違っていると言うからこそ意義がある。

†わが国の課題

「刑事収容施設法」の施行に伴って、いくつかの特別改善指導が導入され、刑務所においては心理学的治療が実施され始めている。また、保護観察場面でも認知行動療法を取り入れた指導がなされつつある。

また、刑の一部執行猶予制度が間もなく導入され、薬物事犯者などは懲役刑の一部を猶予することが可能になった。例えば「懲役二年、うち六カ月を二年間保護観察付執行猶予」という刑が言い渡されたとする。その場合、一年六カ月を刑務所で過ごすが、残りの六カ月の刑は執行が猶予され、その分を二年間の保護観察付で刑務所を出て、社会内の施設で治療や指導を受けることができる。

しかし、適切な治療を受けられる受刑者はまだ少数であるし、刑務所には入らず、罰金や執行猶予で済んだ者に対しては、現在のところ治療を提供する枠組みがない。

先に紹介したリプセイのメタアナリシスでも、拘禁下での治療よりも社会内治療のほうが効果が大きいことが指摘されている。早期治療のほうがより効果があることを併せて考えると、刑務所に入る前の段階、すなわち罰金や執行猶予の段階で、治療を提供できる仕組みや、逮捕されなくても本人が自発的に治療を求められる仕組みを整えることが重要である。

わが国の刑事司法は現在、厳罰化の方向へ大きく舵を切っている。二〇〇〇年の少年法改正では、犯行時一六歳以上の少年が故意の犯罪行為によって人を死亡させた場合、原則逆送とすることになった。二〇〇一年には危険運転致死傷罪が新設され、悪質な運転で死亡事故を招いた場合は、最高刑一五年となることが規定された。これは後に二〇年（加重により最高三〇年）にまで引き上げられた。二〇〇四年の刑法改正では法定刑の上限が二〇年から三〇年へ引き上げられた。さらに、現在は性犯罪の厳罰化も議論が始まっている。

既に述べたとおり、厳しい処罰を科したとしても、再犯抑制にはならず、かえって再犯率を高めてしまうことがはっきりしている。とはいえ、確かに、罰を罪に見合ったものにする罪罰均衡の見地からは、罰があまりにも軽すぎる場合、釣り合いが取れるようにするため、罰を引き上げることは正義であろうし、それを否定するものではない。

難しいのは、「何を目的とするか」で見方が変わってくることである。例えば、再犯抑止を目的とするのならば、厳罰化よりも治療などのヒューマン・サービスの充実を選択するべきであるし、応報を目的とするならば厳罰化という選択になる。もちろん、これらは必ずしも排他的なものではないので、双方を求めていく選択もある。

しかし、実際は厳罰化の方向のみが顕著であり、しばしば感情論が先走りする傾向も見られる。さらには、被害者へのケアというヒューマン・サービスも甚だ立ち遅れている。

犯罪は社会を映す鏡であるとよく言われるが、犯罪への対処についても社会の在りようが色濃く映し出されている。裁判員裁判の導入など、司法への国民一人ひとりの参加がこれまで以上に求められている今、誰もが無関心ではいられない時代となっている。

第六章　犯罪者治療の実際

私はこれまで刑務所での薬物依存症者や性犯罪者の治療プログラムの開発に携わり、実際に自分でも治療を行ってきた。現在は精神科病院で、同様の治療に携わっている。対象者は同じであっても、刑務所という施設内での治療と、社会内での治療では大きな相違点がある。

本章では、具体的に犯罪者治療の実際とその効果について紹介したい。

†刑務所における犯罪者治療

刑事収容施設法で、薬物受刑者に対する「特別改善指導」が義務化された。現在、日本の刑務所のほぼすべてで、薬物受刑者には何らかの指導がなされている。また、いくつかの刑務所で性犯罪者再犯防止プログラムや飲酒運転防止指導などが実施されている。

しかし、対象となる受刑者数が膨大であるにもかかわらず、治療スタッフの数には限りがあり、実際に本格的な治療を受けることができるのは、ほんの一握りの受刑者に限られている。また、これらはＲＮＲ原則や最新の犯罪心理学の知見に基づいたものであるが、その一方でまだ旧来の指導や教育も根強く残っている。

†リラプス・プリベンション

われわれの研究グループは、薬物依存者に対する認知行動療法に基づいた治療プログラムを開発し、刑務所や社会内の精神科病院等で実施している。

薬物依存症の治療に特化した認知行動療法として、リラプス・プリベンション・モデルという治療法がある。リラプス（relapse）とは再発、プリベンション（prevention）とは予防という意味である。この場合の再発とは、薬物再使用のことを指し、直訳すると「薬物再使用防止」モデルとなる。

これは、カナダ生まれの心理学者マーラット（G. Alan Marlatt）が開発した治療モデルである。彼が着目したのは、薬物依存症において難しいのは、薬をやめることではなく、やめた状態を継続することだという事実である。

マーク・トゥエインは「禁煙なんて簡単だ。自分はこれまで何百回と禁煙をした」と言ったそうだが、まさにそのとおりである。禁煙を始めたといっても、三日坊主では意味がない。長く続けて初めて本当の意味で禁煙をしたことになる。しかし、その「長く」が難しいのだ。

リラプス・プリベンションは、薬物再使用を防止するために効果的な認知行動療法的技法を集めて、パッケージにした治療プログラムである。そこには、必ず全員が受けるべき中核的治療要素と、本人の問題性によって選択的に実施する周辺的治療要素がある（表6-1）。

表6-1　リラプス・プリベンションの主な治療要素

中核的治療
引き金の同定と対処スキルの学習
渇望のコーピング
周辺的治療
スケジュールの作成と実行
セルフモニタリング
感情コントロールスキルの学習
対人スキル訓練
余暇活動の見直し　など

中核的治療要素の中で一番重要なものは、薬物使用を引き起こす先行刺激（引き金）の同定と、引き金に対処するための方法を学習するコーピングスキル訓練である。薬物使用の引き金については、使用薬物によっても、個人によっても大きく異なるため、個別アセスメントが必要となる。

とはいえ、ほぼ全員に共通する最も多い引き金は、薬物仲間と陰性感情である。薬物を使う仲間が周囲にいると、嫌でも薬物のことを思い出すし、「薬はやめた」と言っても、薬を使うように誘われる危険性が大きい。また、再犯リスクという意味でも、薬物仲間すなわち反社会的交友は、最大の危険因子であるため、交友関係に適切に切り込むことはニーズ原則にも適っている。

一方の陰性感情というのは、不安、抑うつ、怒り、疲労感など、文字通りネガティブな感情を指す。薬物使用者は、こうした感情を紛らわせるために薬を用いることが多い。したがって、これらの感情が沸き起こってきた場合も、薬物使用の引き金を引いてしまう。

これらに加えて、覚せい剤使用者に多い引き金は、注射器やアルミ箔など薬物使用のための道具が挙げられる。これらが家にあると、また薬物を使いたくなるのは当然である。

さらに、よく薬物を使用していた場所や購入していた場所も引き金になりやすい。繁華街や公衆トイレ、自家用車の中などが当てはまる。特定の時間や状況が引き金になるという者も多い。退屈な時間、セックスの前、仕事前など、人によって様々である。

引き金の厄介な点は、いくら本人が薬をやめようと固く誓ったとしても、それは自動的に脳にスイッチを入れ、強い薬物への欲求（薬物渇望）を引き起こしてしまうことである。意志だけで薬物がやめられないのは、このためである。

刑務所で薬物依存治療を受けていた受刑者から、このような話を聞いたことがある。彼は、治療プログラムの中で引き金の話を聞いても、最初はピンとこなかったという。それどころか、本人は刑務所で過ごした一年あまりの間、薬物を使いたいと思ったことは一度もなかったので、自分では「もう薬はやめられた」と軽く考えていたとのことであった。

しかし、ある日差し入れてもらった週刊誌をパラパラとめくっていたときのことである。新宿歌舞伎町の写真が掲載されていたのを見て、全身鳥肌が立つような強い気持ちに襲われ、心臓の鼓動は大きくなり、忘れていた覚せい剤のことを思い出したというのである。

彼は、歌舞伎町で売人から覚せい剤を買っていたので、彼にとって歌舞伎町の風景は、覚せい剤と強く結び付いた引き金だったのだ。「薬物をやめよう」という意志は、脳の中の理性的な部分である前頭葉に存在する。一方、薬物依存になった脳は、中脳辺縁系というもっと脳の奥にあるいわば本能に近い部分である。理性や意志の部分では薬物依存を克服した気になっていても、彼の「中脳」は覚せい剤のことを忘れていなかったのである。

†コーピングスキル訓練

リラプス・プリベンションの治療で最も重要なのが、コーピングスキル訓練である。コーピングとは対処という意味である。つまり、引き金に上手に対処していくことで、脳にスイッチが入らないようにする。

脳にスイッチが入ってしまい、先ほどの受刑者のように全身総毛立ってしまうようになっては手遅れである。彼の場合、刑務所の中にいたため、覚せい剤を使うことはなかったが、外にいたならば間違いなく再使用してしまっていただろう。

コーピング訓練には、主に以下の二種類がある。それは、①回避的コーピング、②積極的コーピングである。

回避的コーピングとは文字通り、引き金を回避することで、脳にスイッチを入れないという方法である。これが一番確実で安全な方法なので、治療ではまずこれを勧める。具体的には、注射器を捨てる、薬物仲間とは縁を切る、繁華街に行かないなどの方法である。

しかし、今述べたような方法は、どれもまだ不十分である。注射器を捨てたと言っても、まだ隠し持っているかもしれないし、引き出しの奥に残っているかもしれない。したがって、この際重要なことは、家族や信頼の置ける友人に手伝ってもらい、対処をより確実にするということである。依存症治療では、「自分を信じない」というのが鉄則である。

もう一つ重要な点は、一緒に行動していた仲間や、よく行っていた場所を避けるのはよいが、それをしてしまうと生活の中にぽっかりと大きな穴が開いてしまうということだ。悲しいことに薬物依存が進むと、友人は皆、薬物使用者ばかり、生活はすべて薬物を中心に回っていたということが多い。これらを回避することは、生活が空っぽになってしまうことを意味する。そして、退屈な時間ができると、それが引き金になる。暇で仕方がないとき、人間はろくなことを考えないものだ。

したがって、ここで大切なことは「その穴を何かで埋める」ことも同時に考えることである。単に、「避ける」「行かない」「やめる」というのは、死人にもできることであり、治療では「死人にはできないこと、生きているわれわれにしかできないことを対処法にする」ことが肝心である。これを「死人のルール」と呼んでいる。

例えば、以下のような方法が、望ましいコーピングの一例である。

薬物仲間と手を切る
↓薬物仲間とは手を切って、自助グループで新しい仲間を見付ける
繁華街には行かない
↓繁華街には行かない代わりに、その時間は近所を散歩する

さらに、もう一つ重要なのは、回避できない引き金への対処である。その最たるものが、陰性感情である。「不安にならない」「落ち込まない」「怒らない」などという対処は、逆に死人にしかできない対処であって、生きているわれわれが行うのは不可能である。した

がって、この際に必要なのが、積極的コーピングである。

つまり、回避できない引き金に対し、これまでは薬物使用で対処していたのを、今後はよりポジティブで適応的な対処に変えることである。誰でも皆、不安になったり、落ち込んだりするが、世の中の大多数の人々は、それを薬で紛らわせたりはしない。友達に相談する、美味しいものを食べる、趣味にいそしむ、体を動かすなどで対処している。つまり、自然といろいろなコーピングを行っている。

しかし、薬物依存に陥った人々は、驚くほどコーピングのレパートリーが少ない。元々趣味がなかったり、運動が嫌いな人もいれば、薬物に頼るうちに、これらのことをしなくなってしまった人もいる。

セントラルエイトの中に、「余暇活用」という項目があったが、薬物依存者だけでなく、犯罪にかかわる人々は、暇な時間に何もすることがない人々が非常に多い。

われわれは、別に人に教えてもらわなくても、趣味の活動をして余暇を楽しむことが当たり前にできる。しかし、彼らにはそれができない。だから犯罪に走ったり、薬に頼ったりする。したがって、治療の中でポジティブな余暇の過ごし方を学び、練習をしないといけない。

このように、「嫌なことがあったら、どのようにして気持ちを切り替えるか」「暇なときは何をするか」など、本人に合った具体的なコーピングスキルをセラピストや仲間と一緒になって考え、それらを実行に移していく。

†認知の修正

気晴らしだけが陰性感情への対処ではない。認知を変えるという方略も、認知行動療法の治療では重要である。われわれは誰でも一つや二つ何かしらの癖を持っているものだが、物事のとらえ方、すなわち認知にも人それぞれの癖がある。

例えば、何につけネガティブな見方をしてしまう人がいる。仕事の成果を見て「よく頑張ったね」と褒めてもらったのに、「これはダメだったからなぐさめてくれているんだ」と思ってしまう人や、話しかけたのに相手が忙しくしていて生返事だったら「この人は自分のことを嫌いなのだ」と思ってしまうような人のことである。

このような、いわゆる「マイナス思考」は、本人にはなかなか気づきにくい認知の癖、あるいは認知のゆがみである。治療においては、人それぞれの認知の癖をあぶり出し、それを健全な認知へと修正する。

不安や抑うつなどの陰性感情は、ある程度は誰しも抱くものであるが、それが過剰になると数々の問題を引き起こす。ネガティブな認知の癖に気づき、修正することによって、陰性感情の過剰な鬱積を防ぐことができる。

また、薬物依存者に特有の認知の癖もある。それは、薬物に対するポジティブな認知である。われわれは、「薬物は悪いものだ」「健康を害するものだ」という認知を有している。だから、薬物を使うことはない。しかし、薬物にはまる人は、「薬物はかっこいい」「薬物は嫌なことを忘れさせてくれる」などという認知を持っている。こうした認知を修正することも重要である。

†渇望への対処

中核的治療の中で、もう一つ大切なのは、薬物渇望への対処である。薬物依存者は、「渇望が生じたら薬物を使わない限り消えることはない」「自分には渇望に太刀打ちできない」などという認知を抱いていることが多い。

しかし、これらの認知もまた誤りである。例えば、「どんな渇望でも一五分以上は続かない」「薬物を使わないでも適切なコーピングで対処できる」などが正しい認知である。

したがって、治療ではこれらの誤った認知を正し、渇望への効果的なコーピングスキルを教える。

渇望のコーピングとしてよく用いられる方法が、思考ストップ法である。これは、頭の中で渇望にストップをかけ、代わりに別の思考や行動に集中するという方法である。しばらくの間夢中になれる楽しい思い出や計画（例：家族旅行の思い出、美味しいものを食べに行く計画）、あるいは気持ちを切り替えられる行動（例：ジョギングする、シャワーを浴びるなど）をあらかじめ準備しておき、それらに集中できるよう練習する。

一方、最近の研究で、強い渇望や思考から無理に気をそらせるのは、逆効果だというデータも出てきた。

例えば、ここで簡単な思考実験をやってみよう。次の指示に従っていただきたい。「今から、シロクマのことは絶対に考えないでください」。

さて、こう言われたあなたは、シロクマのことを絶対に考えなかっただろうか。結果はおそらく逆だろう。それまでシロクマのことなど考えたこともなかったのに、「考えるな」と言われると考えてしまう。考えてはいけないと思えば思うほど、シロクマがチラチラと頭の中をかすめていきはしなかっただろうか。

これは「思考抑制のリバウンド効果」と呼ばれる現象で、何かの思考を抑えようとする努力が、しばしば逆効果になることを示している。

薬物渇望も同じで、薬物のことを忘れようとすればするほど（思考ストップ）、よけいにそれが頭をもたげてしまうということがある。

これに対処するために、最近になって考えられた渇望へのコーピングに、「渇望サーフィン」というテクニックがある。渇望サーフィンとは、渇望を抑え込むのではなく、ゆっくりと呼吸をしながら逆に渇望に焦点を当てて注目しようとする方法である。そして、あたかも波が寄せては返すような「渇望の波」に身をゆだねて、それを乗り越えてサーフィンをしている自分の姿をイメージする。このとき「サーフボード」として用いるのは、自分の呼吸である。つまり、呼吸をサーフボードにして渇望の波に乗っかるのである。

それをしばらく繰り返すと、渇望は次第に弱くなり、消えていくことが確認されている。これは何も魔法が起こったのではない。先に述べたように、渇望は生理学的に言って一五分ほどすれば自然に弱まることがわかっており、単に時間が過ぎて弱まったにすぎない。抑え込もうとすると、渇望を「こじらせて」しまい、なかなか消えなくなることがあるのである。

このような方法は、比較的最近になって注目され始めた介入法であり、西洋の認知行動療法に東洋の知恵である瞑想や禅などを組み合わせたもので、マインドフルネス認知療法と呼ばれている。物事をありのままに受け入れるというのは、まさに禅そのものである。

マインドフルネス認知療法は、薬物渇望だけでなく、われわれがとらわれやすいネガティブな思考や感情（落ち込み、不安、イライラ）などへの対処としても効果が実証されている。

†マトリックス・プログラム

リラプス・プリベンションは、通常、マニュアルに従って「ワークブック」の形式で集団療法として実施される。われわれの研究グループは、カリフォルニア大学で開発された「マトリックス・プログラム」を参考にして、わが国の実情に合わせた覚せい剤依存症治療プログラム「日本版マトリックス・プログラム（J－MAT）」を開発した。

マトリックス・プログラムとは、世界で初めて、覚せい剤依存症者用に開発されたリラプス・プリベンションに基づいた治療プログラムの名称である。

覚せい剤乱用は、日本では長い間大きな社会問題であるが、九〇年代以降、東南アジアやアメリカ西海岸などに乱用が広がりを見せた。私は、その乱用がヨーロッパにも拡大し、世界的な問題となり始めた二〇〇〇年に国連薬物・犯罪事務所のウィーン本部で勤務していた。そこでの主な仕事は、薬物依存の治療に関するテキストブックを編集することだった。そして、その中で出合ったのがマトリックスであった。

覚せい剤依存という世界的には「新しい」問題に際して、世界はどのように対処すべきか頭を抱えていたのだが、アメリカでは世界に先駆けていち早く治療プログラムが開発され、臨床研究のデータも集積されていたのである。

一方、戦後数十年にわたって覚せい剤問題を抱えていた日本では、刑務所に入れる以外何の対策もなされず、一人「ダルク」という自助グループのみが孤軍奮闘しているという状況だった。

そこで、私はロサンゼルスに赴き、マトリックスのワークショップを受け、開発者たちから話を聞いて、その概要を国連のテキストで紹介したのであるが、そのときにはもちろん、これを日本にも取り入れることを考えていた。

日本に帰国して、東京拘置所を皮切りに、その後いくつかの刑務所での試行を経て、まずは刑務所の中でJ－MATが活用されるようになった。現在は、依存症専門病院などでも活用が広がっている。しかし、薬物依存症患者を受け入れてくれる病院の数はまだまだ非常に少ない。普通の病院に行っても、犯罪者だからと門前払いされるのが今の日本の現状である。

はじめて刑務所の中でJ－MATを実施したときの受刑者の反応は、非常に興味深いものだった。一〇人の覚せい剤依存症受刑者が選ばれ、一室に集められたのだが、彼らは何が始まるのかとおっかなびっくりの様子であった。

後で受刑者本人から聞いた話では、「薬物はいけない」と怒られて、説教をされるのだろうと思っていたということだった。確かに、それまで刑務所は犯罪者を懲らしめる場所であって、治療の場ではなかったわけであるから、彼らの反応も納得ができる。

また、いざ治療プログラムが始まると、彼らの熱心な受講態度に驚かされたのは、私のほうだった。「引き金などということは、今まで考えたこともありませんでした」「薬物がやめられないのは、自分の意志が弱いからだと思っていました」などと口々に述べ、熱心にメモを取りながら活発に意見交換や質問をするし、半年の治療プログラムが終わってみるとほとんど全員が皆勤賞だった。

つまり、彼らもやめられるものなら薬物をやめたかったのである。しかし、これまでは「意志が弱い」「心がけが悪い」などと周囲からは責められる一方であったし、自分でも情けない気持ちや無力感にさいなまれていたのだ。

J－MATが受刑者にもたらした変化は、刑務所の職員、特に最初は懐疑的であった刑務官たちをも驚かせた。なぜなら、J－MATに参加した受刑者たちの所内反則行為が、ほぼゼロになったからである。刑務所ではつまらない規律違反がとても多い。しかし、規律違反をするとJ－MATへの参加が停止されるため、彼らは所内生活にも真面目に取り組むようになったというのである。

さらに、J－MATに参加できない受刑者が、参加している受刑者からJ－MATのワークブックを借りて、書き写しているという話を聞いたときは、思わず胸が熱くなり、治療を拡充することの必要性を感じさせられた。

もちろん、これで劇的に覚せい剤の再犯率が下がるわけではないだろうし、わが国の刑事司法の制度に大きな変化があるとは思えない。とはいえ、「処罰から治療へ」という方向に一歩踏み出したことは間違いない。

†J-MATの効果

それでは、実際にJ-MATの効果はどうだったのだろうか。われわれの研究グループは、刑事施設でJ-MATを実施した際の効果を検証した。覚せい剤事件で受刑している受刑者六〇名をJ-MATを受ける群と受けない群にランダムに振り分けて、彼らの薬物に対する認知やコーピングスキルがどれだけ変化するかを比較した。

このような研究はランダム化比較試験といい、薬の治験などでよく用いられている手法である。これを心理療法の効果を検証するためにも用いたのである。わが国で刑事施設におけるランダム化比較試験を実施したのはこれが初めてである。

その結果、J-MAT群の受刑者のコーピングスキルが、対照群に比べて治療後に有意に向上したことが確認できた。つまり、意図したとおり薬物への誘惑や陰性感情などに効果的に対処する力が身に付いたと言える。

もちろん、本当の効果は受刑者を何年かフォローアップして、再犯するか否かを確認しなければわからない。しかし、出所後までも彼らを追いかけるということは現実的には不可能であるため、そのような研究はできなかった。今後、医療機関などにおいて、J-MATを活用し、長期間フォローアップを行った研究を実施する予定である。

†性犯罪者治療

性犯罪者は数こそは比較的少ないが、その被害の大きさや社会に与えるインパクトは甚大である。そのため、性犯罪者の再犯を抑止できれば、いくらかは社会の性犯罪自体も減らすことができる。

とはいえ、実は性犯罪者の再犯率はさほど高いものではない。実際、犯罪白書も性犯罪の同種再犯が約五％であることを指摘し、「他の犯罪に比べて相当低い」と述べている。しかし、彼らの中には、何度も同じ犯罪を繰り返す者がいることもまた確かである。こうしたケースは、性犯罪がいわば依存症のような状態になっていると考えられる。つまり、薬物を使用すると気持ちがハイになって、薬物がやめられなくなるのと同様に、性犯罪によって大きな快感を得たり、嫌なことを忘れられたりすれば、それが強化となって、また同じ行為を繰り返しやすくなる。もちろん、そのプロセスにはドーパミンが大きく関与している。

†性犯罪者治療におけるリラプス・プリベンション

したがって、現在性犯罪者治療の主流は、やはりリラプス・プリベンションである。薬物の場合と同様に、性犯罪の引き金を引くものを探し、それへの対処を学習することが治療の中心となる。

では、性犯罪の引き金にはどのようなものがあるのだろうか。わが国で最も多い性犯罪である痴漢を例に考えてみよう。最初に挙げられるのは、言うまでもなく満員電車である。痴漢のほとんどすべてが電車内で起きている。ほかにも、混雑した場所や人気のない場所でも起きる場合があるが、それらの場所もまた、人によっては引き金となる。

また、薬物依存同様、陰性感情も引き金になりやすい。仕事のストレス、夫婦間のケンカ、あるいは漠然とした不安や孤独感などを引き金として挙げる者が多い。飲酒が引き金となっているケースも少なくない。

それではどう対処すればよいだろうか。満員電車の場合であれば、乗らないのが一番である。つまり、引き金を回避するという対処である。自動車通勤や自転車通勤に変える、引っ越しをするなどの対処が最適である。

しかし、中には経済的な事情などから、これらの選択肢が現実的でなく、満員電車に乗らないというのは無理だという者もいる。その場合は、次善の策として、「どのような乗り方をすれば痴漢をしないですむか」を考えてもらう。

実際に受刑者から出た意見として、「手袋をしたまま乗る」「音楽を聴きながら乗る」「始発駅まで行って、座って乗るようにする」「乗る前と降りるときに、家族に電話をする」「いつもより一時間早く起きて、空いた電車で通うようにする」などという方策があった。中には「お経を聞きながら乗る」という意見が出て、私も思わずうなってしまったことがある。確かに、ありがたいお経を聞きながら、痴漢する罰当たりな輩はいないだろう。

性犯罪のリラプス・プリベンションでは、共感性の涵養や女性に対するゆがんだ認知の修正も重要な課題となる。先に紹介したとおり、痴漢常習者の女性に対する認知はかなりゆがんでいる場合が多い。したがって、女性セラピストに入ってもらって、女性の意見を述べてもらったり、共感性訓練といって他者の目から物事が見えるようにするための訓練をする。

†病院での性犯罪者治療

現在、私は刑務所だけでなく民間の精神科病院で性犯罪者治療を行っている。こうした試みは世界的に見ても非常にめずらしいものである。そもそも性犯罪が治療の対象であるという認識が社会的に共有されているとは言い難い。

病院での治療の場合、当然ながら病名が必要である。多くの場合、「性嗜好障害（パラフィリア障害）」「性依存症」などという病名が付けられる。ただし、前者はＤＳＭにもリストアップされている病名であるが、後者は医学的にはまだ一つの疾患名として定着しているものではない。

性嗜好障害というのは、性的嗜好が「異常」であるという意味である。もちろん、人間の性というのは非常に多様であって、誰かが簡単に「正常」「異常」を決められるものではない。その線引きが難しいが、そうは言っても、子供に対する性的行為や同意に基づかない性行動を「異常」とすることに異議のある人はいないだろう。

この定義に従えば、強姦、強制わいせつはもとより、痴漢、露出、盗撮、下着盗なども相手の同意を得て行われるわけではないので、異常ということになり、治療の対象となる。

もちろん、これらは法令に触れる行為であり、犯罪でもあることは言うまでもない。われわれの病院に訪れる人々は、これらの行為によって逮捕歴がある者もいれば、現に執行猶予中である者もいる。そして、ほとんどが次にまた同じことをすれば、刑務所行きは免れないとか、離婚になるなどの大きな危機感を抱いて受診している。中には裁判中の者もいて、裁判を有利に運ぶための打算がないわけでもないだろう。

被害者から見れば、こうした動機は自分勝手であり、許されないと思うかもしれない。その気持ちは私もよくわかる。「被害者のことを思って治療に訪れました」という動機であれば、それが一番美しいかもしれないが、残念ながら、人間というものは、切羽詰まらないと自分の行動を変えることは難しい。

しかし、再犯防止という究極の目的に照らせば、動機はどうであれ、結果は同じである。つまり、一旦、治療に乗りさえすれば、われわれの治療プログラムでは、ほとんどの者がきちんと最後まで治療を受ける。その治療継続率は、九〇%を超えており、これは依存症の治療としては奇跡に近いような数字である。どのような依存症でも、治療終了まで半分の患者が残っていればよいほうだからである。

したがって、裁判が終わってたとえ実刑にならずに執行猶予で済んだとしても、彼らはきちんと最後まで治療を継続する。中には、裁判中に受診し、裁判の結果実刑になったが、刑務所出所後に「治療を継続したい」と言って再度受診した者もいる。

また、先述のとおり、治療の中で女性に対するゆがんだ認知や自己中心的な認知の修正も図る。ともすれば、われわれの試みは「加害者の味方」ととらえられるかもしれないが、それは大きな誤解である。

病院での性犯罪者治療は、刑務所での治療とは違った困難がある。その最大のものは、再犯の危険性である。当然のことながら刑務所内では再犯が物理的に不可能であるが、病院の治療の場合、いつ参加者が再犯をしてしまうかわからず、緊張の連続となる。

このようなことを防ぐために、われわれのプログラムではカレンダーとシールを使って対処している。GPSなどのハイテク機器よりずっと安価で、はるかに効果がある。

プログラムの最初に、卓上カレンダーと「赤・青・黄」の丸いシールを渡す。そして、毎日寝る前にその日一日を振り返って、平穏な一日であれば青シール、ちょっと危険だと感じた日は黄色シール、とても危険だと感じた日は赤シールを貼ってもらう。こうした作業で毎日の自分をモニターする。

黄色や赤を貼る条件は、各自で決めてもらう。例えば、仕事が忙しくてストレスがたまっている、夜更かしをしてスケジュールどおり生活できなかったなどが黄色である。赤になるのは、駅のホームをうろうろした、インターネットのアダルトサイトを長時間見た、道ですれ違った女性の後をしばらくつけてしまったなどの場合である。

毎回、プログラム時に一週間のシールの状況を発表してもらい、黄色や赤シールがあった場合は、どのように対処するかを話し合う。

こうした一見単純な作業が、再犯防止にきわめて効果的なのである。事件を起こしたことの反省から、何か骨の折れる努力をするのも悪くはないが、長続きしなければ意味がない。例えば、毎日数十キロもの距離を自転車通勤するというのは、現実的ではないので、あまり推奨はしない。それよりも、毎日のスケジュールを決めて、スケジュール通りに生活したり、寝る前に赤黄青のシールを貼るといった地味ではあるが、簡単に継続できることのほうがずっと効果が大きい。

†治療効果

われわれはこれまで五年間にわたって、首都圏の二つの病院で治療を行ってきた。治療を受けた人の数は、三〇〇名を超えている。その中で治療を終了した患者総数は、データがまとまっている者で一三七名である。当然ながらと言うべきか、悲しいことにと言うべきか、全員が男性である。年代別に見ると、一〇代二%、二〇代一八%、三〇代四二%、四〇代二八%、五〇代六%、六〇代以上四%となっている。全体の七割を三〇代、四〇代が占めている。

職歴を見ると、六〇％近い人が何らかの仕事に就いており、約三〇％が無職、残りは学生である。無職の人は、事件を起こしたことによって解雇された人が多い。

婚姻状態は、未婚が約半数で、既婚者は約四〇％、残り一〇％程度が離婚した人である。離婚の原因も、事件の発覚によるものがほとんどである。

逮捕歴を見ると、八〇％に逮捕歴があり、一五％の人には受刑歴もある。

問題行動の内訳は、痴漢が最も多く約四〇％、次に盗撮二五％、露出七％、小児性愛三％、下着盗三％などとなっている。また、性犯罪ではないが、風俗通いや浮気などがやめられないというケースで受診している人も一四％ほどいる（図6-1）。

治療は、一グループ二〇名程度の集団療法で、週一回六〇分、治療期間は六カ月である。独自に開発した性犯罪に対するリラプス・プリベンションのワークブックを用いて行う。

効果検証のために、リラプス・プリベンションによる治療を受けているグループ（治療群）六九名と、別の治療を受けている人々のグループ（対照群）六八名を比較して、リラプス（再犯）率、平均治療出席率、コーピングスキルなどを比較した。

まずリラプス率であるが、治療開始から治療終結一年後までの時点で、自己報告または逮捕などによって発覚したリラプス率を調べた。その結果、治療群では三％、対照群では四％であった。統計的な検定を行ったが、有意な差は見られなかった。

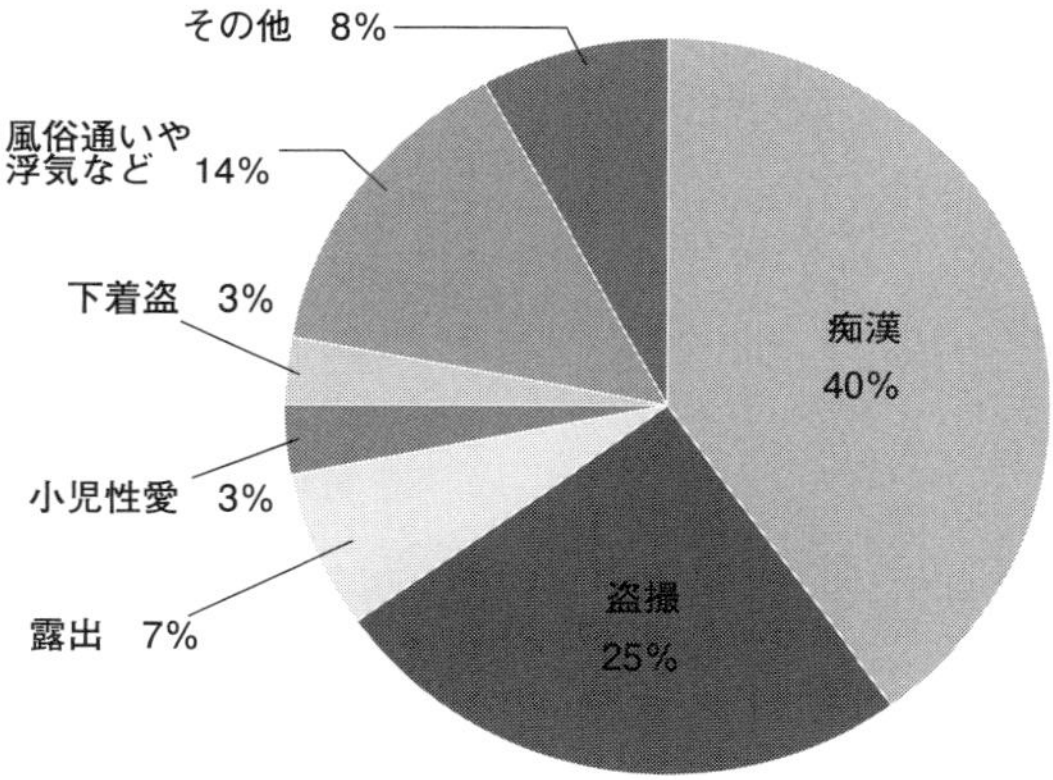

図6－1　性的問題行動の内訳
出典）北條・原田ら（2013）

平均治療出席率は、治療群が約七〇％、対照群が約四〇％で、これは治療群が有意に高い数値であった。つまり、リラプス・プリベンションによる治療を受けている人々のほうが、有意に治療出席率が良好だった。

また、コーピングスキルの獲得が、リラプス・プリベンションによる治療では重要な目標の一つであることは既に述べた。これは、引き金をうまく回避したり、ストレスや陰性感情に効果的に対処したりする力のことである。コーピングスキルを測定できる質問紙を用いて、両群のスコアを比較したところ、治療群のほうが対照群よりも有意に高いスコアであった。つまり、治療によってコーピングスキルが有意に向上した。

フォローアップ期間が比較的短い期間だったことや、対照群も別の治療を受けていたため、リラプス率自体は大きな差がなかった。しかし、対象者はこれまで再犯を反復していた人々であり、もし何の治療も受けていなかった場合と比べると、この三％という数字は非常に小さい数字であると考えられる。

このように、これまでは自力で何とかやめようとしてきたが、一向にやめられなかったという彼らにとって、問題行動がピタリとやめられたというのは初めての経験だった。治療への出席やコーピングスキルは、リラプスを長期的に抑制する上で、重要なものであることがこれまでの研究でわかっている。したがって、これらが非常に良好な数値であったことは、長期的にもリラプスを抑制できることが示唆されたと言える。

とはいえ、もちろん今後も研究を継続し、長期間のリラプス率を比較したり、プログラムを改善したりすることが必須であることは言うまでもない。

第七章　エビデンスに基づいた犯罪対策

　さて、最後に今後の犯罪心理学の進むべき方向と犯罪への対処を考えながら、本書を締めくくることにしたい。その際のキーワードは、本章の標題にある「エビデンス」である。エビデンスとは証拠という意味であるが、証拠の重要性は刑事裁判ではしばしば強調される。刑事裁判では印象や主観などを排して、客観的証拠に基づいて有罪・無罪の判断をすることが重要だということは、今さら言うまでもない。「刑事の勘」が東電ＯＬ殺人事件の冤罪を生んだということは既に述べたが、「あやしい」「いかにもやりそうな顔をしている」などの理由で、人を逮捕したり、有罪にしたりすることが危険であることは誰もが認めることだろう。

　また医療の分野で、一九九〇年代以降、エビデンスに基づいた医療（ＥＢＭ）の動きが活発になったことも、既に第三章で述べた。一人ひとりの医師がいくら優秀で、その道の権威であっても、人間である以上間違いを犯すものである。「人間は間違うものだ」という謙虚な前提に立って、科学的エビデンスに基づいて医療上の判断を下すのがＥＢＭである。

刑事裁判や医療だけでなく、犯罪対策においてもエビデンスを重視することはきわめて重要である。それは、犯罪の要因を探求する上でも、犯罪の予防や対処を考える上でも大きな武器になるからだ。

犯罪というものは、きわめて社会的な事象であるために、科学的視点より、様々なバイアスを含んだ社会的な視点で語られることが多い。犯罪における生物学的要因を語るのがタブーであったり、重大な事件が起きると「社会が悪い」「親が悪い」などと単純化してとらえたりするのもその一例である。

しかし、いつまでもこのようなアプローチに頼っていたのでは、独りよがりな犯罪理解に終始してしまい、真の犯罪理解はできない。客観的なデータをできるだけ広く綿密に収集し、その関連を科学的に検証することによってはじめて、真の犯罪理解につながる。

また、犯罪対策にも様々な選択肢があるが、主観や印象に基づいて「効果がありそうだ」というあいまいな理由で方法の選択をすることが、これまでしばしば行われてきた。

今後は、それぞれの対処について科学的な検証をした上で「効果」を判定し、真に効果があるものだけを選択するというエビデンスに基づいた意思決定がますます求められる。

†思考実験

ではここでわれわれの主観的判断がいかに間違いを犯しやすいか、ちょっとした思考実験をしてみよう。

日本の全市町村で犯罪率の調査をしたところ、犯罪率が低いのは、北海道、東北、中部、四国の農村部であり、過疎化した高齢化の進んだ町村で、自民党支持者の多い地域ばかりだった。

さて、これを読むとわれわれは何をどのように判断するだろうか。犯罪がこうした地域で少ないのは、自然が豊かなこと、人間関係が密接で地域の人々の温かい結び付きが生きていること、高齢者が多いこと、刺激が少ないことなどが理由であるのではないか、などと考えるだろう。

では、犯罪率が高いところはどこだっただろうか。

犯罪率が高かったのもまた、北海道、東北、中部、四国の農村部に集中しており、過疎化や高齢化の進んだ町村で、自民党支持者の多い地域だった。

これをどう解釈すればよいだろうか。これらの地域で犯罪が多かったのは、むしろ濃密な人間関係や農村部の因習などが原因かもしれない。また、娯楽が少ないために酒の飲みすぎも関係しているかもしれないし、高齢者は頑固で融通が利かなくなり、それが犯罪を招く一因になるのかもしれない。農機具や農薬などが身近にあることも無関係ではないかもしれない。さらには、都会と違って政治に熱心なため、選挙違反なども多いのだろうか。

これらの解釈はほんの一例であるが、読者もこの二つの事象を説明するために、いろいろと頭の中で考えをめぐらせたことと思う。このとき、頭の中であれこれとデータの取捨選択をしたことに気付いただろうか。犯罪率の高さ、低さと関連のありそうな事柄を拾い集めてそれらの関連を考え、合理的な説明を組み立てるという作業をしたはずである。

しかし、タネを明かせば、おそらくそれらの事柄のどれ一つも犯罪率とは関連がない。実際、「農村部であること」「高齢であること」「人間関係の濃密さ」などは、いずれもこれまで説明した犯罪の危険因子でも保護因子でもない。

これらの地域で犯罪率が高く、また同時に低かったのは、「過疎」つまり人口が少なかったからである。これは、統計のサンプルが少なければ少ないほど、偏った結果が出やすいという単なる統計的現象にすぎず、農村の生活や社会的要因、あるいはそこに住む人々のパーソナリティ要因などとは何の関係もない。

これをわかりやすい例を使って説明してみよう。一つの袋に赤い玉と白い玉をそれぞれ百個ずつ入れて、そこから五〇個取り出すとする。このとき赤が出る確率と白が出る確率は同じで、それぞれ二分の一である。したがって結果は、全部赤ばかり、白ばかりになることはまず考えられないし、どちらかに著しく偏ること（例えば、赤が四〇個、白が一〇個）もほとんどないだろう。

では、五個取り出す場合はどうだろうか。場合によっては赤ばかり、白ばかりが出てしまうことや、どちらかに偏ってしまうこと（例えば、赤四個、白一個）もめずらしくないだろう。つまり、サンプル（取り出した玉）が少数であれば、偏った結果になりやすい。

先ほどの例では、過疎の村（サンプルが少ない村）で、犯罪者が多かったり（赤玉が多かった）、犯罪者が少なかったり（白玉が多かった）したのは、サンプルが少ないゆえの「偶然」にすぎなかったと結論できる。

ここから何が言えるかというと、人間というものは、目立ったいくつかの事柄や、すぐに思いつくような事柄を関連づけて因果関係を想定しやすいという事実である。これを

「関連性の錯誤」という。そして、統計的現象といった目立たない事柄、ちょっとやそっとでは思いつかないような事項は、それが真の原因であっても無視されてしまう。

カーネマンは、「人間はおおむね合理的であり、その考えはまずまず理に適っているという人間観」がこれまでは広く受け入れられていたが、本当のところそれは誤りで、「ごくふつうの人間の思考には系統的なエラーが入り込みやすい」と述べている。そして、その系統的エラーの代表的なものの一つが、今述べた関連性の錯誤である。

関連性の錯誤

不可解な事件を起こした犯人がいて、その家庭環境が劣悪だったとする。これはすぐに新聞でも報じられる「目立った事象」である。すると、われわれは家庭環境ゆえにその事件が起こったと関連付けやすい。犯人の遺伝的要因や認知の特徴などは、目立たない事柄であるため、無視されてしまう。

交通事故を起こした者の車の中に、危険ドラッグが見つかったら、われわれはこの二つに因果関係を求めてしまう。しかし、ほかにも本人のパーソナリティや認知の問題、対人関係の問題、あるいは未知の要因など、犯罪に結び付きやすい要因があったのかもしれない。

こうしたことを丹念に見ていかないと、犯罪の真の要因はわからないし、対策にも結び付かない。対策という点で言えば、過去の家庭環境は今更如何ともし難いので、犯人が今後、犯罪を行わないようにするためには、今後修正ができる要因、すなわち彼の認知やパーソナリティを修正するしかない。

また、危険ドラッグの取り締まりも確かに重要であるが、なぜ彼はそのようなドラッグを用いたのか、どのような交友関係が背後にあったのか、などを探ってそれらをターゲットにして対策を講じないと、次から次へと変貌を遂げる危険ドラッグだけをターゲットにしていたのでは、イタチごっこで終わってしまう。

このように、関連性の錯誤は誤った犯罪理解だけでなく、誤った犯罪対策にもつながってしまう危険をはらんでいる。

†誤った犯罪対策の危険

二〇〇六年八月、福岡市の海の中道大橋で、飲酒運転による大事故が起きた。当時福岡市職員であった二二歳の男性が、多量に飲酒した上で自家用車を運転し、前を走っていた車に衝突した。衝突された車は橋から海に転落し、乗っていた三人の幼児が死亡するというきわめて重大な事故であった。犯人には、危険運転致死傷罪などが適用され、懲役二〇年が確定している。

この事件を機に、飲酒運転に対する厳罰化が加速していく。二〇〇七年には道路交通法が改正され、飲酒運転者への罰則が強化された。例えば、それまで酒酔い運転の罰則は、三年以下の懲役または五〇万円以下の罰金であったものが、五年以下の懲役または一〇〇万円以下の罰金に引き上げられた。

また、飲酒運転をした者の周辺者を直接罰することができるようにもなった。すなわち、車を運転する者に酒を提供した者や、同乗者にも罰則が適用されるようになった。

日本はアルコールに寛容な社会であると言われている。酒が強いことが賞賛され、酒を飲んで醜態をさらすことが許容される社会である。また、公共交通の発達していない地方では、飲酒運転が「犯罪」であるという意識が希薄な地域もある。

このような状況を背景にして、むしろ以前の罰則が軽すぎたのであり、今回の法改正は、厳罰化と言うよりは、刑罰の適正化と言ってよい状況であるとも言える。したがって、私は飲酒運転に厳正に対処することそのものに反対するのではない。しかし、罰則の強化だけで飲酒運転に対処することの危うさを強調したい。

この法改正の翌々年に発刊された警察白書には、「警察における取締りの強化等の諸対策が講じられたり、(平成)一九年九月から(中略)罰則が強化されたりしたことなどによ

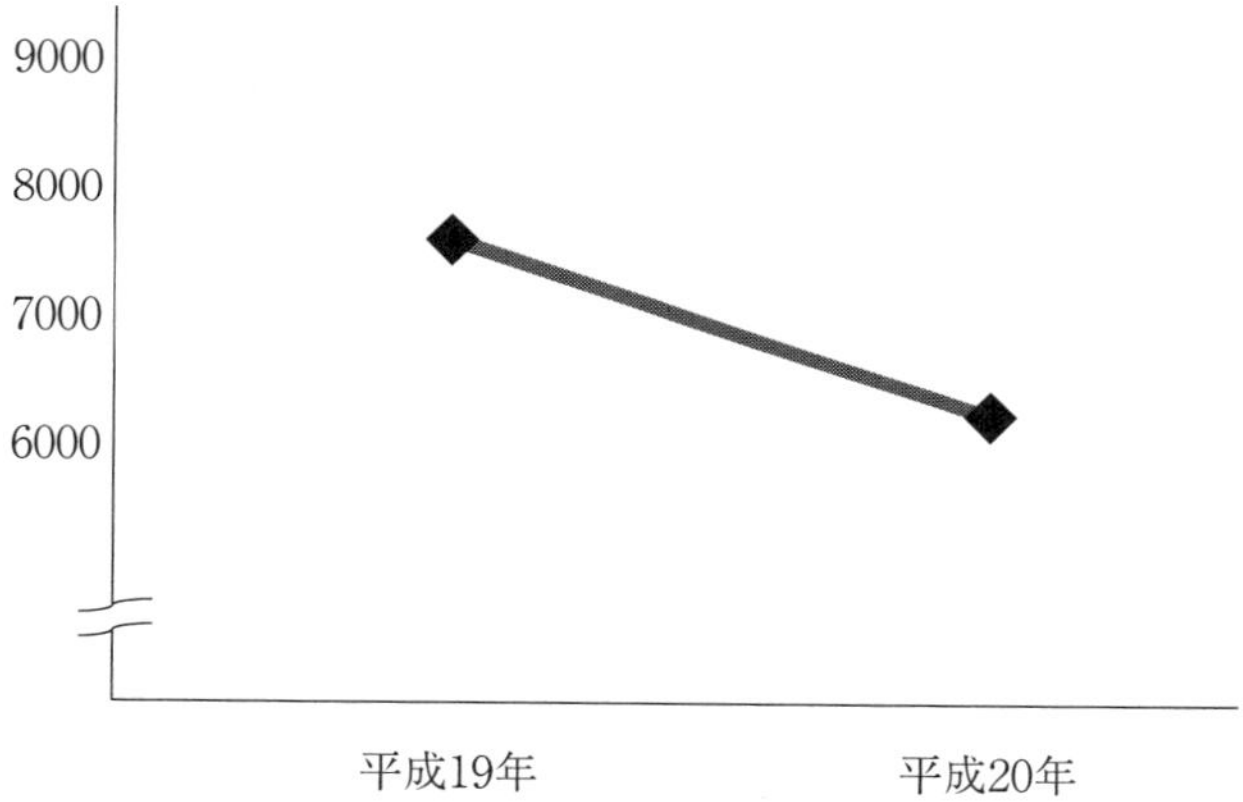

図7-1　飲酒運転事故件数の推移（平成19年～20年）
出典）『平成21年版警察白書』を元に作成

り、二〇年中の飲酒運転による交通事故は前年より減少した」と記載されている。

確かに、法改正年の飲酒運転による交通事故は、七五六一件だったのが、翌年には六二一九件となっており、一三四二件の減である。各地での取り締まり強化等に関する警察の多大な努力には、頭の下がる思いであり敬意を表したい。

しかし、ここでふと気になるのが、またもや関連性の錯誤である。確かに、取り締まり強化、罰則の強化というのは非常に目立った対策である。こうした目立つ要因と、飲酒運転事故の減少という結果を単純に結び付けてよいだろうか。

まず、図7-1を見ていただきたい。今述べたように、確かに平成一九年から二〇

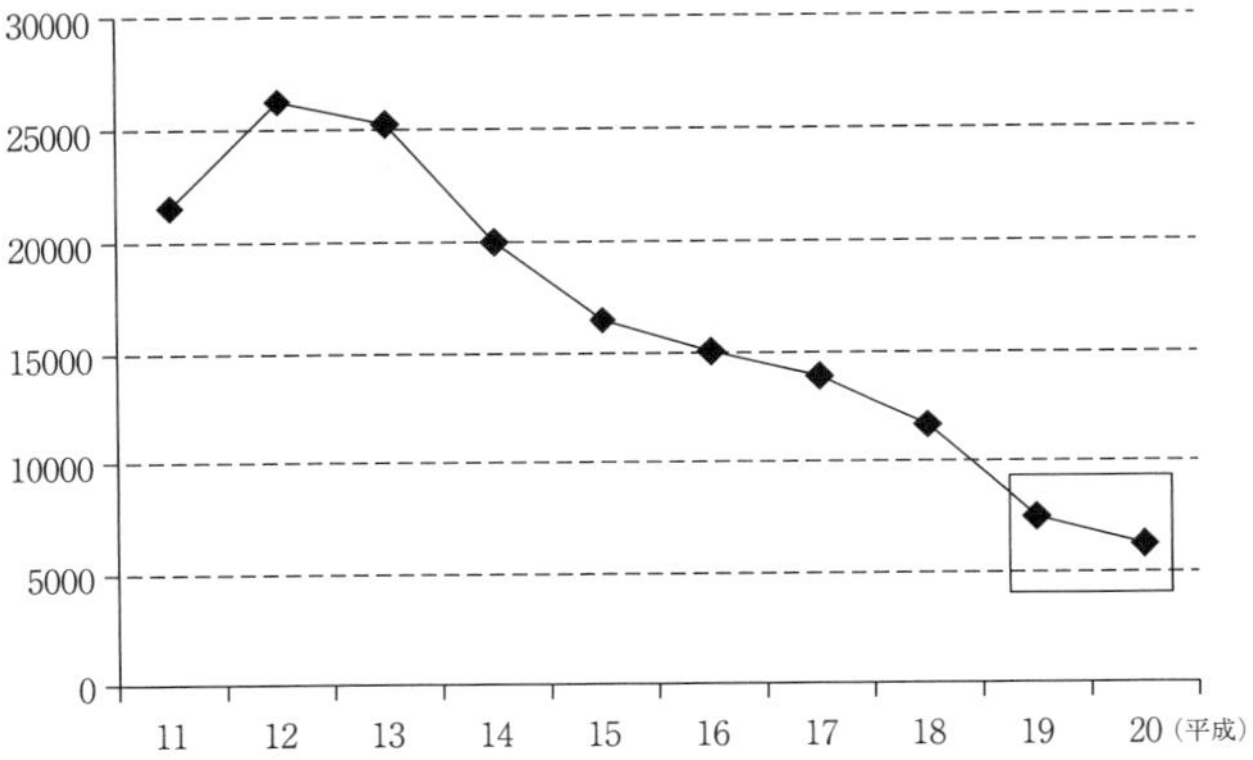

図7－2　飲酒運転事故件数の推移
出典)『平成21年版警察白書』を元に作成

年にかけて飲酒運転事故は減少している。しかし、飲酒運転事故はそれよりずっと前、平成一三年から一貫してずっと減少傾向にある(図7－2)。法改正がなくても減少していたと考えるのが自然である。この場合、ほかにもっと大きな要因が影響しているのではないかとも考えられる。

では、次に図7－3をご覧いただきたい。これはさっきとは別のグラフなのだが、一見、同じグラフと思えるくらいよく似ている。実は、これはわが国における酒類販売(消費)量を表したグラフである。平成一三年から一貫して減少していることがわかる。

もう一つ、図7－4をご覧いただきたい。これは、わが国の運転免許保有者数の推移を表したグラフである。全体的に右上がりであ

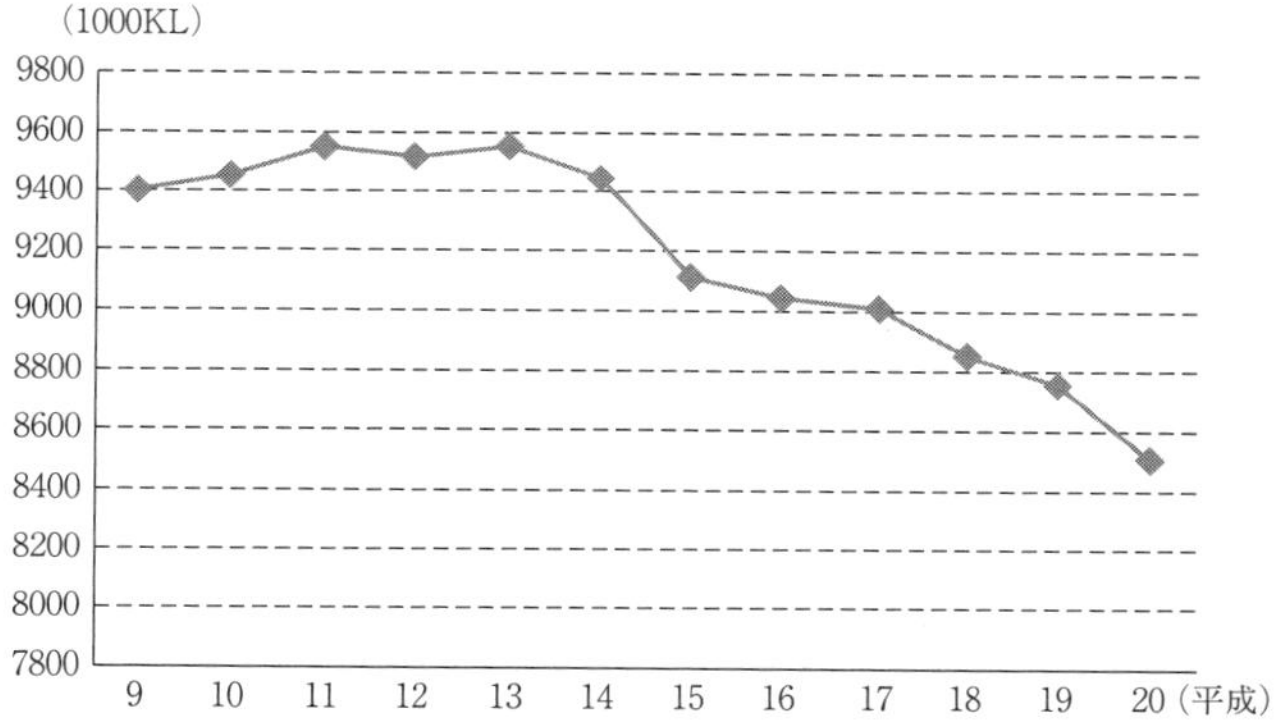

図7－3　酒類販売（消費）量の推移
出典）『国税庁統計年報』を元に作成

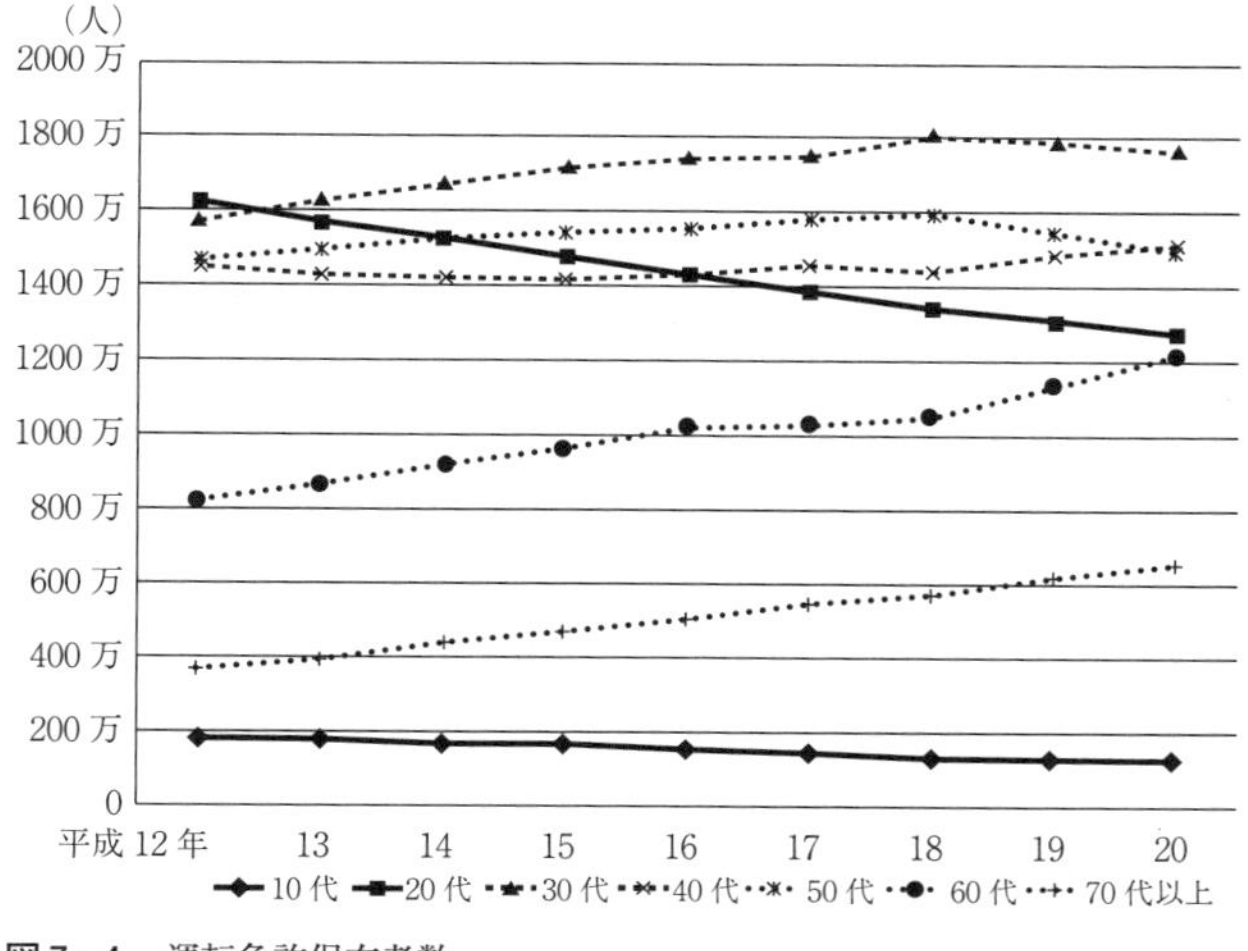

図7－4　運転免許保有者数
出典）『警察庁運転免許統計』を元に作成

るが、際立って減少している線が二本ある。二〇代と一〇代の免許保有者数である。この若い世代のみが、平成一二年以降、一貫して免許保有者数が減少している。

これら三つのグラフを併せて考えると、飲酒運転事故が減ったのは、厳罰化の影響もあるかもしれないが、それよりも飲酒量の減少や事故が多い若年ドライバーの減少の影響が大きいとは言えないだろうか。

ほかにも、目立たない要因であるが、国民の飲酒運転に対する認識が大きく変わり、飲酒運転を控えるようになったことも影響しているかもしれない。さらに、長引く不景気の影響で外での飲酒や車での遠出を控えたり、車を手放したりした人も多いかもしれない。あるいは、車の性能が向上し、事故そのものが減っていることも考えられる。

これらを幅広く綿密に調査して、データを取った上で検討しなければ、なぜ飲酒運転事故が減っているのかはわからない。したがって、厳罰化の影響だけを取り出して強調することは、恣意的であるだけでなく、本当にその対策に効果があったのかどうかという重要なことが、結局わからないままになってしまう。

†効果のない犯罪対策

これまで行われた研究によって、いくつかの対策が、犯罪抑止に関して効果がない、あるいはエビデンスがないということがわかっている。

例えば、「健全な身体に健全な魂が宿る」式の身体鍛錬は、犯罪抑止効果がない。欧米やアジアの一部の国では、軍隊式の身体鍛錬、いわゆる「ブートキャンプ」方式の厳しい訓練を受刑者や非行少年に行わせる矯正プログラムがある。しかし、科学的研究によってこれらのプログラムには再犯抑制効果がないことがはっきりしている。

また、日本ではあまり行われていないが、アメリカでは「スケアードストレート」という非行対策がある。非行少年を成人の重罪刑務所に連れて行き、受刑者（実はサクラ）が彼らを脅しつけて怖がらせ、反省を促すというものである。アメリカには多くの「業者」がいて、こうしたプログラムを司法当局に販売しているのだが、残念ながらこのプログラムは、非行抑止どころか非行を助長してしまう「効果」があることがわかった。

性犯罪対策としては、性犯罪者に刑務所出所後、電子機器を装着させてGPSによって監視するという対策がある。これはわが国でも一部の自治体の首長が導入を主張したことがある。しかし、多大な経費がかかる割には、この対策には再犯を抑止する効果はない。

ただ、私はこうした対策を頭から批判しているのではなく、再犯防止に効果がないと述べているのであり、ほかの目的に照らせば、一定の効果はあるかもしれない。

例えば、身体鍛錬は、再犯防止には効果がないが、受刑者の健康増進には効果があるだろう。先述のとおり、描画法はパーソナリティ診断や再犯リスクの査定には役立たないが、話すことが苦手な相手や言語能力が未熟な相手との話の糸口を見付け、治療関係を構築する上では役に立つかもしれない。

また、私は科学という言葉を多用し、科学的方法に大きな信頼を置いているが、科学を盲信しているわけでも、科学が万能だと思っているわけでもない。科学はわれわれの主観的思考のエラーを補うには、今のところ「一番まし」な方法だと思っているに過ぎない。

宇宙の神秘や自然の奥深さに比べれば、科学などは他愛のないものである。しかし、だからといって、科学を軽視し、それよりもはるかに信頼の置けない「人間の主観」や「経験」などに頼るのは賢い選択ではない。

†エビデンスをどう活用するか

このように、犯罪への取り組みにおいて、今後「何に効果があるのか」という問いに対して、科学的なエビデンスに基づく判断をするというパラダイム転換、すなわち「エビデンスに基づいた犯罪対策」が求められる。

そのためには、これまでの対策を謙虚に見直し、それらに確固とした科学的根拠があるのかどうかを点検した上で、エビデンスに基づいた意思決定、政策決定をしていく必要がある。

こうしたことは、犯罪の現場で働く専門家たちだけに求められる態度なのではなく、政治家やマスメディア、そして一般の国民一人ひとりにも必要な態度である。なぜなら、犯罪対策は、国民すべての生活にとって重要な事柄だからであり、裁判員裁判の時代、司法への国民の主体的な参加が求められるからである。

しかし、エビデンスの有無をどのように検証すればよいのだろうか。エビデンスを知りたいと思っても、肝心のエビデンスはどのように入手できるのだろうか。そして、どのように活用すればよいのだろうか。確かに、研究者でもない限り、研究データにアクセスすることは簡単ではない。

犯罪対策とエビデンスとの乖離を解決する第一の方法は、司法と科学との協働である。司法関係者や法執行関係者は、これまで以上に科学的アプローチに関心を持ち、自らの科学的リテラシーを高めると同時に、心理学をはじめとする行動科学の専門家との協働関係を充実させていく必要があるだろう。

例えば、クレプトマニアが疑われる窃盗常習者に対して、これまでどおり機械的に処罰し、何度も刑務所に入れ続けるのではなく、専門家の診断や治療という選択肢も考慮すべきである。同様に、薬物使用や痴漢などの依存症的犯罪に対しても、初犯を執行猶予や罰金だけで済ませるのではなく、同時に治療を行うことができるような枠組みをつくるべきである。

第二の方法は、データベースの利用である。現在、犯罪に関する質の高いエビデンスを集めて無料で提供しているデータベースが存在する。それはキャンベル共同計画という国際組織によるものである。

†キャンベル共同計画

キャンベル共同計画とは、犯罪心理学を含む社会科学分野におけるメタアナリシスによるエビデンスを公開することを目的として、二〇〇〇年に発足した国際組織である。そして、その論文データベースがオンラインで公開されており、誰でも無料でアクセスできる。オリジナルは英語であるが、日本語のサイトもあり、多くが日本語に翻訳されている(http://fuji.u-shizuoka-ken.ac.jp/~campbell/index.html)。

実は、キャンベル共同計画にはお手本があり、それは一九九三年に発足したコクラン共同計画である。これは、医療分野におけるエビデンスを広く公開することを目的とした国際組織である。医師が治療法の選択に迷ったとき、エビデンスの有無を確認したり、ほかによい治療法がないかを見きわめることの手助けとなるものである。また、患者や医療政策決定者も、このサイトを積極的に利用することが推奨されている。

キャンベル共同計画のサイトには、どのようなエビデンスが掲載されているか覗いてみよう。例えば、「防犯カメラによる監視の防犯効果」という論文がある。現在、街角のあちこちに防犯カメラがあり、それは漠然と防犯に効果があると信じられている。果たしてそれは本当なのかどうかを科学的に検証したのがこの論文である。

論文では、メタアナリシスによってデータを解析した結果、防犯カメラには明確な防犯効果があることがわかったと述べられている。特に、駐車場における犯罪（車上狙い、自動車盗など）を減少させるのに最も効果的であった。したがって、公共の場所での犯罪を防止するために防犯カメラを継続使用するべきだと結論している。つまり、防犯カメラには、犯罪を抑制するエビデンスが認められたと言える。

また、「拘禁下における薬物乱用治療」の効果を検証した論文もある。刑務所などでは様々な「薬物乱用治療」が実施されているが、その効果は治療のタイプによって大きく異なることがメタアナリシスで見出されている。特に、「ブートキャンプ」式の身体鍛錬には、薬物乱用を抑制する効果も、犯罪一般を抑制する効果もまったく認められなかった。グループカウンセリングは、再犯防止には効果があったが、薬物再使用を抑制する効果はなかった。最も効果があったのは、治療共同体というプログラムであった。

最後にもう一つ、「犯罪者に対する認知行動療法」という論文では、犯罪治療における認知行動療法の効果をメタアナリシスで検証している。その結果、認知行動療法は、全体的に再犯率を二五％減少させる効果があったことが見出されている。最も効果が高い治療プログラムには、再犯率を半減させたものもあった。

論文と聞くと読むのが難しいという印象を持たれるかもしれない。しかし、キャンベルもコクランも、一般の人々や政策決定者がエビデンスにアクセスできることを目的としているため、冒頭に「一般用語での要約」が必ず付けられている。この要約を読むだけでも、エビデンスの概要は把握できる。これらの研究成果を積極的に活用して、より効果のある犯罪対策を取り入れ、無駄な対策を見直していくことが、エビデンスに基づいた犯罪対策である。

おわりに

犯罪は社会の大きな脅威であり、われわれの社会生活を脅かす宿痾《しゅくあ》のようなものである。身体の病に対しては、数々の医学的研究が目覚ましい成果を挙げている。もちろん、その一方でまだ克服できない疾病が数多く存在するし、新型インフルエンザやエボラ出血熱のような新たな脅威が生まれていることも事実である。

しかし、かつては死に至る病とされていたものが、今日では命を脅かすほどのものではなくなったケースもあるし、予防のための知識も数多く集積されてきた。

ところが、犯罪という社会の病に対しては、ハムラビ法典の昔から処罰一辺倒というのは、どういうわけだろうか。もちろん、法律自体は古代とは比べものにならないくらい進歩し、洗練されたものになっている。その目的や理念なども大きく変化しただろう。とはいえ、「罪と罰」という根本的なアプローチは大きく変わっていない。

一九九〇年代に医療が「エビデンスに基づいた医療」の名の下に、大きなパラダイム転換を遂げたように、刑事司法や少年司法も、今後行動科学の知見を大いに取り入れ、パラダイム転換を果たすときが来ている。

かつて心理学などの行動科学は、社会の要請に応えるだけの力量を持っていなかった。しかし、ここ二、三〇年の犯罪心理学の発展は目覚ましいものがあり、犯罪の予測や治療に大きな力を発揮できるようになっている。中でも治療に関しては、適切な法則に従って、適切な方法を用いれば、犯罪者の問題性を変容させ、確実に再犯率を抑制することができるようになった。彼らが社会復帰を果たし、健全な社会の一員となることは、社会にとっても本人にとっても、大きな幸福であることは間違いない。

もちろん、現代の医療が克服できない疾病がたくさんあるように、現代の犯罪心理学ではまだ解決できない問題も数多く残されている。

しかし、科学的エビデンスは、われわれの進むべき道筋を照らしてくれる松明のようなものでもある。なぜなら、エビデンスは効果があるものを教えてくれるだけでなく、同時に何に効果がないのか、そして効果のあるものとないものの違いは何なのか、われわれがまだわかっていないことは何で、研究の方向性はどこにあるのかを教えてくれるものでもあるからだ。

一人ひとりの人間は小さく、頼りないものである。しかし、エビデンスを用いれば、あたかも巨人の肩の上に乗ったかのように、過去何百年もの間に積み上げられた知の集積の上に乗って、将来を見通すことができる。

今後一層、エビデンスに基づいた犯罪への対策が充実することによって、犯罪による不幸な犠牲が少しでも減って、今以上に安全な社会がもたらされること、そして犯罪を行うことによって社会と自らを不幸にしてしまう人が減ることを願ってやまない。

最後に本書を締めくくるに当たって、執筆の支えとなっていただいたすべての方々に深くお礼を申し上げたい。特に、ちくま新書編集長永田士郎氏には、企画段階から完成に至るまで、終始大変なお力添えをいただいた。改めて感謝の意を表したい。

主な参考文献

石塚伸一（編）（2013）『薬物政策への新たなる挑戦：日本版ドラッグ・コートを越えて』日本評論社
榎本稔（編）（2014）『性依存症の治療：暴走する性・彷徨う愛』金剛出版
岡江晃（2013）『宅間守 精神鑑定書：精神医療と刑事司法のはざまで』亜紀書房
加藤智大（2012）『解』批評社
金川洋（編）（2009）『刑余者の再犯防止等司法領域における社会福祉士の活動の可能性についての基礎研究事業報告書』日本社会福祉士会
カーネマン，ダニエル（2014）『ファスト＆スロー：あなたの意思はどのように決まるか？』上下巻、村井章子（訳）、早川書房
河合幹雄（2009）『日本の殺人』ちくま新書
警察庁（2008）『平成20年版 警察白書』ぎょうせい
現代人文社編集部（編）（2008）『光市事件裁判を考える』現代人文社
小林美佳（2008）『性犯罪被害にあうということ』朝日新聞出版
下山晴彦（2010）『臨床心理学１　これからの臨床心理学』東京大学出版会
髙橋三郎・大野裕（監訳）（2014）『DSM－５：精神疾患の分類と診断の手引』医学書院
竹村道夫（監修）（2013）『彼女たちはなぜ万引きがやめられないのか？：窃盗癖という病』飛鳥新社
中島岳志（2013）『秋葉原事件：加藤智大の軌跡』朝日文庫
原田隆之（2009）「性犯罪の治療は可能か」『日本「性とこころ」関連問題学会誌』第１巻第１号、50－55頁

原田隆之（2010）「性犯罪への対策：認知行動療法の限界と今後の展望」『現代のエスプリ』521号、139－146頁、ぎょうせい
原田隆之（2010）「刑事施設におけるエビデンスに基づいた薬物依存治療」『犯罪心理学研究』第48巻第1号、51－64頁
原田隆之（2010）「薬物依存症治療に対する新しい方略：Matrixモデルの理論と実際」『日本アルコール・薬物医学会雑誌』第45巻第6号、557－568頁
原田隆之（2012）「覚せい剤受刑者に対する「日本版Matrixプログラム（J-MAT）」のランダム化比較試験」『日本アルコール・薬物医学会雑誌』第47巻第6号、298－307頁
原田隆之（2012）「依存症治療の現在」『臨床心理学』第12巻第1号、115－124頁
ヘア，ロバート・D（1995）『診断名サイコパス：身近にひそむ異常人格者たち』小林宏明（訳）、早川書房
北條正順・原田隆之・野村和孝他（2015）「Static-99日本語版を用いた性犯罪者・性依存症者のリスクアセスメント」『性とこころ』第6巻第2号
法務省矯正局（2006）『性犯罪者処遇プログラム研究会報告書』http://www.moj.go.jp/content/000002036.pdf
法務省法務総合研究所編（2014）『平成26年版 犯罪白書』日経印刷
マーラット，G.アラン（編）（2011）『リラプス・プリベンション：依存症の新しい治療』原田隆之（訳）、日本評論社
美達大和（2009）『人を殺すとはどういうことか：長期LB級刑務所・殺人犯の告白』新潮社
山本譲司（2006）『累犯障害者：獄の中の不条理』新潮社
ロウ，デヴィッド．C（2009）『犯罪の生物学：遺伝・進化・環境・倫理』 津富宏（訳）、北大路書房

Andrews DA & Bonta J (2010). *The Psychology of Criminal Conduct.* Routledge.
Burke BL, Arkowitz H & Menchola M (2003). "The efficacy of mo-

tivational interviewing: A meta-analysis of controlled clinical trials". *Journal of Consulting and Clinical Psychology*. 71(5). 843-861.

Hanson RK & Morton-Bourgon KE (2009). "The accuracy of recidivism risk assessments for sexual offenders". *Psychological Assessment*. 21. 1-21.

Caspi A, McClay J., Moffitt TE, Mill J, Martin J, Craig IW, et al. (2002). "Role of genotype in the cycle of violence in maltreated children". *Science*. 297. 851-854.

Harada T (2010). "The effectiveness of the brief prison-based methamphetamine abuse treatment program". *International Journal of Comparative and Applied Criminal Justice*. 34. 383-390.

Lipsey MW, Landenberger NA & Wilson SJ (2007). Effects of Cognitive-behavioral programs for criminal offenders. *The Campbell Library of Systematic Reviews*.

MacKenzie DL (2006). *What Works in Corrections: Reducing the Criminal Activities of Offenders and Delinquents*. Cambridge University Press.

Marlatt GA, Witkiewitz K, Dillworth T, et al. (2004). "Vipassana meditation as a treatment for alcohol and drug use disorders". In Hayes SC, Follett VM & Linehan MM (Eds.) *Mindfulness and Acceptance: Expanding the Cognitive-Behavioral Tradition*. Guilford Press. pp.261-287.

Miller WR & Rollnick S (2012). *Motivational Interviewing: Helping People Change*. Guilford Press.

Mitchell O, Wilson DB & MacKenzie D (2006). The effectiveness Incarceration-based drug treatment on criminal behavior. *The Campbell Library of Systematic Reviews*.

Moffitt TE (1993). "Adolescence-limited and life-course-persistent antisocial behavior: A developmental taxonomy". *Psychological Review*. 100(4). 674-701.

Moffitt TE & Caspi A (2001). "Childhood predictors differentiate

life-course persistent and adolescence-limited antisocial pathways among males and females". *Development and Psychopathology*. 13. 355-375.
Obert JL, McCann MJ, Marinelli-Casey P, et al. (2000). "The Matrix model of outpatient stimulant abuse treatment: History and description". *Journal of Psychoactive Drugs*. 32(2). 157-164.
Prendergast ML, Hall EA & Wexler HK (2003). "Multiple measures of outcome in assessing a prison-based drug treatment program". *Journal of Offender Rehabilitation*. 37(3/4). 65-94.
Rawson RA, Marinelli-Casey P, Anglin MD, et al. (2004). "A multisite comparison of psychosocial approaches for the treatment of methamphetamine dependence". *Addiction*. 99. 708-718.
Sackett DL, Straus SE, Richardson WS, et al. (2000). *Evidence-Based Medicine*. Churchill Livingstone.
Seena F, Parveen B & Doll H (2006). "Substance abuse and dependence in prisoners: A systematic review". *Addiction*. 101(2). 181-191.
Wright JP & Cullen FT (2012). "The future of biosocial criminology: Beyond scholars' professional ideology". *Journal of Contemporary Criminal Justice*. 28(3). 237-253.
Wright JP, Schnupp R, Beaver KM, et al. (2012). "Genes, maternal negativity, and self-control: Evidence of a gene X environment interaction". *Youth Violence and Juvenile Justice*. 10(3). 245-260.
United Nations Office on Drugs and Crime (2013). *Global Study on Homicide*.
http://www.unodc.org/documents/gsh/pdfs/2014_GLOBAL_HOMICIDE_BOOK_web.pdf

ちくま新書
1116

入門《にゅうもん》　犯罪心理学《はんざいしんりがく》

二〇一五年三月一〇日　第一刷発行
二〇二四年七月十五日　第一二刷発行

著　者　原田隆之（はらだ・たかゆき）

発行者　増田健史

発行所　株式会社　筑摩書房
東京都台東区蔵前二-五-三　郵便番号一一一-八七五五
電話番号〇三-五六八七-二六〇一（代表）

装幀者　間村俊一

印刷・製本　三松堂印刷　株式会社

ISBN978-4-480-06824-8 C0211

ちくま新書

659
現代の貧困
――ワーキングプア／ホームレス／生活保護
岩田正美
貧困は人々の人格も、家族も、希望も、やすやすと打ち砕く。この国で今、そうした貧困に苦しむのは「不利な人々」ばかりだ。なぜ？　処方箋は？　をトータルに描く。

710
友だち地獄
――「空気を読む」世代のサバイバル
土井隆義
周囲から浮かないよう気を遣い、その場の空気を読もうとするケータイ世代。いじめ、ひきこもり、リストカットなどから、若い人たちのキツさと希望のありかを描く。

718
社会学の名著30
竹内洋
社会学は一見わかりやすそうで意外に手ごわい。でも良質の解説書に導かれれば知的興奮を覚えるようになる。30冊を通して社会学の面白さを伝える、魅惑の入門書。

736
ドキュメント 死刑囚
篠田博之
児童を襲い、残虐に殺害。死刑執行された宮﨑と宅間。そして確定囚の小林。謝罪の言葉を口にすることなく、むしろ社会を挑発した彼らの肉声から見えた真実とは。

746
安全。でも、安心できない…
――信頼をめぐる心理学
中谷内一也
凶悪犯罪、自然災害、食品偽装……。現代社会に潜むリスクを「適切に怖がる」にはどうすべきか？　理性と感情のメカニズムをふまえて信頼のマネジメントを提示する。

757
サブリミナル・インパクト
――情動と潜在認知の現代
下條信輔
巷にあふれる過剰な刺激は、私たちの情動を揺さぶり潜在脳に働きかけて、選択や意思決定にまで影を落とす。心の潜在性という沃野から浮かび上がる新たな人間観とは。

772
学歴分断社会
吉川徹
格差問題を生む主たる原因は学歴にある。そして今、日本社会は大卒か非大卒かに分断されてきた。そのメカニズムを解明し、問題点を指摘し、今後を展望する。

853 地域再生の罠 ――なぜ市民と地方は豊かになれないのか? 久繁哲之介

活性化は間違いだらけだ! 多くは専門家らが独善的に行う施策にすぎず、そのために衰退は深まっている。このカラクリを暴き、市民のための地域再生を示す。

855 年金は本当にもらえるのか? 鈴木亘

本当に年金は破綻しないのか? 政治家や官僚は難解な用語や粉飾決算によって国民を騙し、その真実を教えてはくれない。様々な年金の疑問に一問一答で解説する。

880 就活エリートの迷走 豊田義博

超優良企業の内定をゲットした「就活エリート」。彼らが入社後に、ことごとく戦力外の烙印を押されている……。採用現場の表と裏を分析する驚愕のレポート。

883 ルポ 若者ホームレス 飯島裕子 ビッグイシュー基金

近年、貧困が若者を襲い、20~30代のホームレスが激増している。彼らはなぜ路上暮らしへ追い込まれたのか。貧困が再生産される社会構造をあぶりだすルポ。

887 キュレーションの時代 ――「つながり」の情報革命が始まる 佐々木俊尚

テレビ・新聞・出版・広告――マスコミ消滅後、情報はどう選べばいいか? 人の「つながり」で情報を共有する時代の本質を抉る、渾身の情報社会論。

896 一億総うつ社会 片田珠美

いまや誰もがうつになり得る時代になった。「心の風邪」が蔓延する背景には過剰な自己愛と、それを許す社会の病理がある。薬に頼らずに治す真の処方箋を提示する。

897 ルポ 餓死現場で生きる 石井光太

飢餓で苦しむ10億人。実際、彼らはどのように暮らし、生き延びているのだろうか? 売春、児童結婚、HIV、子供兵など、美談では語られない真相に迫る。

914
創造的福祉社会
――「成長」後の社会構想と人間・地域・価値
広井良典
経済成長を追求する時代は終焉を迎えた。「平等と持続可能性と効率性」の関係はどう再定義されるべきか。日本再生の社会像を、理念と政策とを結びつけ構想する。

923
原発と権力
――戦後から辿る支配者の系譜
山岡淳一郎
戦後日本の権力者を語る際、欠かすことができない原子力。なぜ、彼らはそれに夢を託し、推進していったのか。忘れ去られていた歴史の暗部を解き明かす一冊。

937
階級都市
――格差が街を侵食する
橋本健二
街には格差があふれている。古くは「山の手」「下町」と身分によって分断されていたが、現在もその構図は変わっていない。宿命づけられた階級都市のリアルに迫る。

939
タブーの正体!
――マスコミが「あのこと」に触れない理由
川端幹人
電力会社から人気タレント、皇室タブーまで、マスコミ各社が過剰な自己規制に走ってしまうのはなぜか?『噂の眞相』元副編集長がそのメカニズムに鋭く迫る!

941
限界集落の真実
――過疎の村は消えるか?
山下祐介
「限界集落はどこも消滅寸前」は嘘である。危機を煽り立てるだけの報道や、カネによる解決に終始する政府の過疎対策の誤りを正し、真の地域再生とは何かを考える。

947
若者が無縁化する
――仕事・福祉・コミュニティでつなぐ
宮本みち子
高校中退者、若者ホームレス、低学歴ニート、世の中から切り捨てられ、孤立する若者たち。彼らを社会につなぎとめるために、現状を分析し、解決策を探る一冊。

955
ルポ 賃金差別
竹信三恵子
パート、嘱託、派遣、契約、正規……。同じ仕事内容でも、賃金に差が生じるのはなぜか? 非正規雇用という現代の「身分制」をえぐる、衝撃のノンフィクション!

ちくま新書

981 脳は美をどう感じるか
――アートの脳科学
川畑秀明
なぜ人はアートに感動するのだろうか。モネ、ゴッホ、フェルメール、モンドリアン、ポロックなどの名画を題材に、人間の脳に秘められた最大の謎を探究する。

985 中国人民解放軍の実力
塩沢英一
膨張する中国の軍事力に対する警戒感が世界で高まっている。領土領海への野心も小さくない。軍幹部の証言や独自入手した資料で不透明な人民解放軍の実像に迫る。

992 「豊かな地域」はどこがちがうのか
――地域間競争の時代
根本祐二
低成長・人口減少の続く今、地域間の「パイの奪いあい」が激化している。成長している地域は何がちがうのか？北海道から沖縄まで、11の成功地域の秘訣を解く。

1001 日本文化の論点
宇野常寛
私たちは今、何に魅せられ、何を想像／創造しているのか。私たちの文化と社会はこれからどこへ向かうのか。人間と社会との新しい関係を説く、渾身の現代文化論！

1020 生活保護
――知られざる恐怖の現場
今野晴貴
高まる生活保護バッシング。その現場では、いったい何が起きているのか。自殺、餓死、孤立死……。追いつめられ、命までも奪われる「恐怖の現場」の真相に迫る。

1028 関東連合
――六本木アウトローの正体
久田将義
東京六本木で事件が起こるたび囁かれる「関東連合」。彼らはいったい何者なのか。その成り立ちから人脈まで、まったく新しい反社会的ネットワークの正体に迫る。

1029 ルポ 虐待
――大阪二児置き去り死事件
杉山春
なぜ二人の幼児は餓死しなければならなかったのか？現代の奈落に落ちた母子の人生を追い、女性の貧困を問うルポルタージュ。信田さよ子氏、國分功一郎氏推薦。

1038 1995年 速水健朗
1995年に、何が終わり、何が始まったのか。大震災とオウム事件の起きた「時代の転機」を読みとき、その全貌を描く現代史！ 現代日本は、ここから始まる。

1053 自閉症スペクトラムとは何か ――ひとの「関わり」の謎に挑む 千住淳
他者や社会との「関わり」に困難さを抱える自閉症。その原因は何か。その障壁とはどのようなものか。診断・遺伝・発達などの視点から、脳科学者が明晰に説く。

1063 インフラの呪縛 ――公共事業はなぜ迷走するのか 山岡淳一郎
公共事業はいつの時代も政治に翻弄されてきた。道路、ダム、鉄道――国の根幹をなすインフラ形成の歴史を追い、日本のあるべき姿を問う。もう善悪では語れない！

1064 日本漁業の真実 濱田武士
減る魚資源、衰退する漁村、絶えない国際紛争……。漁業は現代を代表する「課題先進産業」だ。その漁業に何が起きているのか。知られざる全貌を明かす決定版！

1066 使える行動分析学 ――じぶん実験のすすめ 島宗理
仕事、勉強、恋愛、ダイエット……。できない、守れないのは意志や能力の問題じゃない。行動分析学の理論で推理し行動を変える「じぶん実験」で解決できます！

1067 男子の貞操 ――僕らの性は、僕らが語る 坂爪真吾
男はそんなにエロいのか？ 初体験・オナニー・風俗・童貞など、様々な体験を交えながら、男の性の悩みを一刀両断する。学校では教えてくれない保健体育の教科書。

1072 ルポ 高齢者ケア ――都市の戦略、地方の再生 佐藤幹夫
独居高齢者や生活困窮者が増加する「都市」、人口減や市街地の限界集落化が進む「地方」。正念場を迎えた「高齢者ケア」について、先進的事例を取材して考える。

ちくま新書

1074
お金で世界が見えてくる！
池上彰

お金はどう使われているか？　お金と世界情勢のつながりとは？　円、ドル、ユーロ……、世界を動かすお金を徹底解説。お金を見れば、世界の動きは一目でわかる！

1077
記憶力の正体
――人はなぜ忘れるのか？
高橋雅延

物忘れをなくしたい。嫌な思い出を忘れたい。本当に記憶を操作することはできるのか？　多くの人を魅了する記憶力の不思議を、実験や体験をもとに解説する。

1078
日本劣化論
笠井潔
白井聡

幼稚化した保守、アメリカと天皇、反知性主義の台頭、左右の迷走、日中衝突の末路……。戦後日本は一体どこまで堕ちていくのか？　安易な議論に与せず徹底討論。

1085
子育ての哲学
――主体的に生きる力を育む
山竹伸二

子どもに生きる力を身につけさせるにはどうすればよいか。「自由」と「主体性」を哲学的に考察し、よい子育てとは何か、子どもの真の幸せとは何かを問いなおす。

1090
反福祉論
――新時代のセーフティーネットを求めて
金菱清
大澤史伸

福祉に頼らずに生き生きと暮らす、生活困窮者やホームレス。制度に代わる保障を発達させてきた彼らの生活実践に学び、福祉の限界を超える新しい社会を構想する。

1091
もじれる社会
――戦後日本型循環モデルを超えて
本田由紀

もじれる＝もつれ＋こじれ。行き詰まり、悶々とした状況にある日本社会の見取図を描き直し、教育・仕事・家族の各領域が抱える問題を分析、解決策を考える。

1094
東京都市計画の遺産
――防災・復興・オリンピック
越澤明

幾多の惨禍から何度も再生してきた東京。だが、インフラ未整備の地区は数多い。首都大地震、防災への備え、五輪へ向けた国際都市づくりなど、いま何が必要か？

ちくま新書

1097 意思決定トレーニング　印南一路
優柔不断とお悩みのあなた！　それは性格のせいではなく、決め方を知らないのが原因です。ダメなルールをやめて、誰もが納得できる論理的な方法を教えます。

1100 地方消滅の罠——「増田レポート」と人口減少社会の正体　山下祐介
「半数の市町村が消滅する」は嘘だ。「選択と集中」などという論理を振りかざし、地方を消滅させようとしているのは誰なのか。いま話題の増田レポートの虚妄を暴く。

1108 老人喰い——高齢者を狙う詐欺の正体　鈴木大介
オレオレ詐欺、騙り調査、やられ名簿……。平均貯蓄額２０００万円の高齢者を狙った、「老人喰い＝特殊詐欺犯罪」の知られざる正体に迫る！

1110 若者はなぜ「決めつける」のか——壊れゆく社会を生き抜く思考　長山靖生
すぐに決断し、行動することが求められる現在。まともな仕事がなく、「自己責任」と追い詰められ、若者が「決めつけ」に走る理不尽な時代の背景を探る。

361 統合失調症——精神分裂病を解く　森山公夫
精神分裂病の見方が大きく変わり名称も変わった。発病に至る経緯を解明し、心・身体・社会という統合的視点から、「治らない病」という既存の概念を解体する。

674 ストレスに負けない生活——心・身体・脳のセルフケア　熊野宏昭
ストレスなんて怖くない！　脳科学や行動医学の知見を援用、「力まず・避けず・妄想せず」をキーワードに自分でできる日常的ストレス・マネジメントの方法を伝授する。

677 解離性障害——「うしろに誰かいる」の精神病理　柴山雅俊
「うしろに誰かいる」という感覚を訴える人たちがいる。高じると自傷行為や自殺を図ったり、多重人格が発症することもある。昨今の解離の症状と治療を解説する。

ちくま新書

762
双極性障害
——躁うつ病への対処と治療
加藤忠史
精神障害の中でも再発性が高いもの、それが双極性障害（躁うつ病）である。患者本人と周囲の人のために、この病気の全体像と対処法を詳しく語り下ろす。

982
「リスク」の食べ方
——食の安全・安心を考える
岩田健太郎
この食品で健康になれる！　危険だから食べるのを禁止する？　そんなに単純に食べ物の良い悪いは決められない。食品不安社会・日本で冷静に考えるための一冊。

998
医療幻想
——「思い込み」が患者を殺す
久坂部羊
点滴は血を薄めるだけ、消毒は傷の治りを遅くする、抗がん剤ではがんは治らない……。日本医療を覆う、根拠のない幻想の実態に迫る！

999
日本の文字
——「無声の思考」の封印を解く
石川九楊
日本語は三種類の文字をもつ。この、世界にまれな性格はどこに由来し、日本人の思考と感性に何をもたらしたのか。鬼才の書家が大胆に構想する文明論的思索。

1105
やりなおし高校国語
——教科書で論理力・読解力を鍛える
出口汪
教科書の名作は、大人こそ読むべきだ！　夏目漱石、森鷗外、丸山眞男、小林秀雄などの名文をカリスマ現代文講師が読み解き、社会人必須のスキルを授ける。

726
40歳からの肉体改造
——頑張らないトレーニング
有吉与志恵
肥満、腰痛、肩こり、関節痛。ストレスで胃が痛む。そろそろ生活習慣病も心配。でも忙しくて運動する時間はない……。それなら効果抜群のこの方法を、どうぞ！

1070
めざせ！　日本酒の達人
——新時代の味と出会う
山同敦子
史上最高の美味しい日本酒に出会えるこの時代！　驚くほどバラエティ豊かな味の出そろった新時代に、好みの味に出会うための方策を伝授。あなたも達人になれる！